KÖNIGS ERLÄUTERUNGEN

Band 410

Textanalyse und Interpretation zu

Anne Frank

TAGEBUCH

Walburga Freund-Spork

Alle erforderlichen Infos für Abitur, Matura, Klausur und Referat
plus Musteraufgaben mit Lösungsansätzen

Bange Verlag

Zitierte Ausgabe:
Anne Frank Tagebuch. Fassung von Otto H. Frank und Mirjam Pressler. Aus dem Niederländischen von Mirjam Pressler. Frankfurt: Fischer Taschenbuch Verlag, 16. Aufl. 2010.

Über die Autorin dieser Erläuterung:
Walburga Freund-Spork, Studium der Germanistik und Geschichte an der Universität Münster. Realschullehrerin, Fachleiterin für das Fach Deutsch Sekundarstufe I, Mitautorin des Lehrplans Deutsch für die Sekundarstufe I (NRW), Referentin für Fort- und Weiterbildung bei der Bezirksregierung Detmold, stellv. Seminarleiterin am Studienseminar Sek. I in Paderborn. Literaturdidaktische Beiträge in den Zeitschriften Diskussion Deutsch, Praxis Deutsch, Blätter für den Deutschlehrer und Literatur für Leser, Untersuchungen zu Heinrich Heine, zu Novellen und Romanen der Gegenwart sowie zur modernen Essayistik in den Universitäts-Taschenbüchern und den Grabbe-Jahrbüchern, Autorin von Interpretationen und Lernhilfen namhafter Verlage.

4. Auflage 2021
ISBN: 978-3-8044-1974-2
PDF: 978-3-8044-5974-8, EPUB: 978-3-8044-6974-7

Titelbild: Anne Frank, © Getty Images – Anne Frank Fonds – Basel/Anne Frank House
Druck und Weiterverarbeitung: Tiskárna Akcent, Vimperk

1. DAS WICHTIGSTE AUF EINEN BLICK – SCHNELLÜBERSICHT

Damit sich jeder Leser in dem vorliegenden Band rasch zurechtfindet und das für ihn Interessante gleich entdeckt, hier eine Übersicht.

Im 2. Kapitel beschreiben wir **Anne Franks Leben** und stellen den **zeitgeschichtlichen Hintergrund** dar:

⇨ S. 10 ff.

→ Anne Frank lebt **von 1929 bis 1945**, sie stirbt im KZ Bergen-Belsen im Alter von 16 Jahren an Flecktyphus.

⇨ S. 22 ff.

→ Das jüdische Mädchen erhält im Juni 1942 ein **Tagebuch** geschenkt; kurz darauf muss sich ihre Familie in Amsterdam vor den Nazis verstecken, die seit 1940 die Niederlande besetzt halten und alle Juden in die Konzentrationslager in Polen deportieren.

→ Bis zur Entdeckung der Familie im August 1944 hält Anne im Tagebuch das Leben der verfolgten Familie in ihrem Versteck fest.

Im 3. Kapitel bieten wir eine Textanalyse und -interpretation.

Das Tagebuch der Anne Frank – Entstehung und Quellen:

⇨ S. 36 ff.

Anne Franks Tagebuch entstand zwischen dem 12. Juni 1942 und dem 1. August 1944. Im März 1944 begann Anne Frank eine Überarbeitung ihrer Eintragungen (Version b). Insgesamt werden drei Fassungen (Version a, b und c) unterschieden, bei Version c handelt es sich um eine für die Rezeption maßgebende Mischfassung aus den Versionen a und b. Die aktuelle Taschenbuchausgabe (zitierte Ausgabe) ist eine erweiterte Fassung von Version c.

Inhalt:

⇨ S. 43 ff.

Anne Frank erhält im Juni 1942 zu ihrem 13. Geburtstag ein Tagebuch geschenkt. Annes Eltern sind aus Deutschland in die Niederlande emigrierte Juden; inzwischen ist ihr Fluchtland allerdings von der Wehrmacht besetzt. Um den anlaufenden Deportationen zu entgehen, fassen Annes Eltern den Entschluss, sich auf unbestimmte Zeit zu verstecken, da sie davon ausgehen müssen, dass sie in den Konzentrationslagern der Nazis der Tod erwartet. Im Juli 1942 erfolgt der Umzug in das ungenutzte Hinterhaus der ehemaligen Firma des Vaters in Amsterdam; vor die Zugangstür wird ein drehbarer Schrank aufgestellt. Fortan lebt die vierköpfige Familie Frank (mit den beiden Töchtern Anne und Margot) zusammen mit der Familie van Daan (ein Sohn, Peter) und einige Monate später noch einem achten Untertaucher, dem Zahnarzt Dr. Dussel, im Hinterhaus. Eine kleine Gruppe von Helfern versorgt die Untergetauchten. Nur abends und am Wochenende, wenn die Angestellten und Arbeiter gegangen sind, können sie die Räume des Vorderhauses betreten. Anne erzählt vom Alltag auf engstem Raum, der ständigen Angst vor Entdeckung; es kommt immer wieder zu Spannungen, Konflikten und Streitereien; mehrmals wird ins Vorderhaus eingebrochen. Anfang 1944 verliebt sich Anne in den zwei Jahre älteren Peter van Daan. Die Invasion der Alliierten in der Normandie lässt die Hoffnung keimen, dass die Zeit im Versteck bald vorüber sein wird. Das Tagebuch endet am 1. August 1944, drei Tage später wurden die Untergetauchten verhaftet, da sie von einer bis heute unbekannten Person verraten wurden.

Chronologie und Schauplätze:

Anne Franks Tagebucheinträge reichen vom 12. Juni 1942 bis zum 1. August 1944. Abgesehen von den ersten, noch in Freiheit entstandenen Einträgen, ist der Schauplatz das Hinterhaus Prinsengracht 263 in dem von den Deutschen besetzten Amsterdam.

Aufbau:

➪ S. 59 ff.

Wie für die Gattung des Tagebuchs typisch, folgt Anne Franks Tagebuch keinem geplanten ästhetischen Aufbau. Möglich ist aber eine Unterteilung der Einträge, die sich an Veränderungen der äußeren oder inneren Lebensumstände Annes orientiert. Außerdem lassen sich wiederkehrende Aspekte bzw. Themenkreise feststellen (z. B. Annes Verhältnis zu ihrer Familie, der Alltag im Hinterhaus, Unvorsichtigkeiten, Annes Verhältnis zu Peter van Daan).

Personen:

➪ S. 74 ff.

Die Konstellation der **Hinterhausbewohner** ist geprägt von ihrer Familienzugehörigkeit:

- → Familie Frank: die Eltern Otto und Edith sowie ihre Töchter Margot und Anne
- → Familie van Daan (eigentl. van Pels): die Eltern Hans (eigentlich Hermann) und Petronella (eigentlich Auguste) sowie ihr Sohn Peter
- → Dazu kommt noch als Außenseiter Albert Dussel (eigentl. Fritz Pfeffer).

Des Weiteren gibt es noch die **Helfer**, die den Kontakt zur Außenwelt aufrechterhalten (Miep und Jan Gies, Kugler, Kleiman und Bep Voskuijl), den Lagerarbeiter van Maaren, der sich durch seine Neugier verdächtig macht, sowie „**Kitty**", Annes fiktive beste Freundin und Adressatin ihrer Tagebuchbriefe.

Stil und Sprache:

Anne Franks Tagebuch ist dialogisch angelegt (an „Kitty" gerichtet). Auffallend ist die Entwicklung von einer naiven, spontan erzählenden Schreiberin zu Beginn hin zu einer bewussten, konzentriert das Wesentliche erfassenden Gestalterin. Typisch für sie sind:

⇨ S. 96 ff.

- → Ironie
- → drastische Wendungen
- → anschauliche Bildsprache
- → pointierte Situationserfassung
- → witzige Wortschöpfungen und Sprachkreationen
- → rhetorische Fragen

Interpretationsansätze:

Die Interpretationsansätze formulieren wünschenswerte Einsichten, die in der Auseinandersetzung mit dem Tagebuchtext für die Gegenwart und Zukunft der jungen Leser gewonnen werden sollten. So gibt das Tagebuch Anstoß zur motivierten Beschäftigung mit Fragen wie: Wie konnte die menschenverachtende, antisemitische Ideologie der Nazis eine so große Zustimmung in der deutschen Bevölkerung finden? Oder: Was sagen heutige Beispiele von Fremdenfeindlichkeit, Hass, Intoleranz und Neonazismus über unsere Gegenwart aus?

⇨ S. 99 ff.

2. ANNE FRANK: LEBEN UND WERK

2.1 Biografie

Anne Frank als Zwölfjährige
1929–1945

JAHR	ORT	EREIGNIS	ALTER
1929	Frankfurt/ Main	Anne Frank wird am 12. Juni als zweites Kind von Otto Frank und seiner Ehefrau Edith Holländer aus Aachen geboren. Sie erhält den Namen Annelies Marie. Otto Frank ist der Sohn eines jüdischen Bankiers aus Frankfurt. Er hatte dort am Lessinggymnasium 1908 Abitur gemacht, in Heidelberg ein Studium begonnen, das er aber nach kurzer Zeit abbrach. Er verbrachte danach Jahre in einer New Yorker Firma, ehe er 1915 nach Frankfurt zurückkehrte. Er meldete sich zum Militär und nahm an der Panzerschlacht bei Cambrai (Westfront) teil. Danach wurde er zum Offiziersanwärter vorgeschlagen. Er quittierte 1918 bei Kriegsende den Militärdienst als Leutnant.	
1933	Frankfurt/ Main	Vor dem Hintergrund der politischen Ereignisse in Deutschland – Hitler wird zum Reichskanzler ernannt, die antisemitischen Tendenzen nehmen erheblich zu –, gründet Otto Frank die Firma „Opekta-Werke“ in Amsterdam, mit dem Ziel, sich und seiner Familie eine Existenzgrundlage in den Niederlanden zu sichern. Er bereitet so die Emigration aus Deutschland vor.	4
	Amsterdam	Sommer: Die Familie siedelt nach Amsterdam um und nimmt eine Wohnung am Merwedeplein, Amsterdam-Zuid. Unmittelbarer Anlass ist das von den Nazis erlassene Gesetz, wonach jüdische und nichtjüdische Kinder getrennte Schulen	

JAHR	ORT	EREIGNIS	ALTER
	Aachen	besuchen müssen. Dies betrifft Margot, Annes Schwester, die als erstes Kind des Ehepaars Frank 1926 in Frankfurt geboren ist. Nach dem Umzug bleibt Anne zunächst noch bei ihrer Großmutter in Aachen.	
1934	Amsterdam	Februar: Anne kommt als letztes Familienmitglied nach Amsterdam. Im Tagebuch erwähnt sie den Aufenthalt bei ihrer Großmutter als äußerst positiv.	5
1935	Amsterdam	Anne tritt in die Montessori-Schule in Amsterdam ein, die sie bis 1941 besucht.	6
1940	Amsterdam	1. Dezember: Otto Frank mietet das Gebäude Prinsengracht 263 und verlegt die Geschäfts- und Lagerräume dorthin.	11
1941	Amsterdam	Anne tritt in das jüdische Lyzeum ein, dessen Schülerin sie bis zum Umzug in das Versteck Prinsengracht 263 bleibt. Gegen Jahresende: Otto Frank scheidet aus seiner Firma aus. Sein Geschäftsfreund Kugler wird als Nachfolger in das holländische Handelsregister eingetragen. Sein holländischer Freund Kleiman leitet die Geschäfte vor Ort.	12
1942	Amsterdam	12. Juni: Anne bekommt zu ihrem 13. Geburtstag ein Tagebuch geschenkt, sie beginnt sofort mit den ersten Eintragungen. 5. Juli: Margot erreicht die Aufforderung, sich in einer Auffangstelle für Juden für den Abtransport in das Arbeitslager Westerbork zu stellen. 6. Juli: Die Familie Frank taucht im Hinterhaus Prinsengracht 263 unter.	13

JAHR	ORT	EREIGNIS	ALTER
		13. Juli: Die Familie van Pels (im Tagebuch van Daan) zieht ebenfalls in das Versteck im Hinterhaus. Die van Pels' sind 1937 auf Grund der Judenverfolgung von Osnabrück nach Amsterdam geflohen. Hermann van Pels war Leiter einer Gewürzhandelsfirma, die mit den Opekta-Werken zusammengeschlossen war (Pomesin-Opekta-Werke). Er hatte sein Büro ebenfalls in der Prinsengracht 263. 16. November: Fritz Pfeffer (im Tagebuch Dussel) wird als achte Person ins Versteck aufgenommen. Anne muss fortan das Zimmer mit ihm teilen.	
1942–1944	Amsterdam	Juli 1942–August 1944: Anne macht Einträge in ihr Tagebuch. Sie lernt Stenografie, Sprachen (Englisch, Französisch), Algebra, beschäftigt sich mit Literatur und Geschichte, stellt genealogische Tafeln vor dem Hintergrund ihrer Lektüre von Geschichtswerken auf. Sie erwartet aber auch jede Woche mit großer Spannung die Illustrierte „Cinema und Theater", die ihr ein Mitarbeiter der Firma regelmäßig mitbringt. Ihr entnimmt sie den Bildschmuck neben ihrem Bett.	13–15
1944	Amsterdam	4. August: Die Untergetauchten werden auf Grund von Verrat entdeckt und verhaftet. Sie werden ins „Judendurchgangslager" nach Westerbork bei Assen gebracht und dort zur Zwangsarbeit verpflichtet. Miep Gies nimmt nach dem Abtransport die Tagebücher und Papiere, die von der Gestapo bei der Festnahme der Hinterhausbewohner auf dem Boden ausgeschüttet worden sind, in Verwahr.	15

JAHR	ORT	EREIGNIS	ALTER
	Westerbork KZ Auschwitz KZ Bergen-Belsen KZ Neuengamme	3. September: Die Hinterhausbewohner werden mit dem letzten von Westerbork nach Auschwitz abgehenden Zug ins Konzentrationslager abtransportiert. Wenige Wochen später stirbt Hermann van Pels (van Daan) in der Gaskammer. Oktober: Margot und Anne werden ins Konzentrationslager Bergen-Belsen in der Lüneburger Heide verschleppt. 20. Dezember: Fritz Pfeffer (Dussel) kommt um.	
1945 März	KZ Auschwitz KZ Bergen-Belsen KZ Theresienstadt (?) KZ Mauthausen Amsterdam	6. Januar: Edith Frank stirbt. 27. Januar: Otto Frank kommt bei der Befreiung des KZ Auschwitz durch die Rote Armee frei. Über Odessa am Schwarzen Meer und Marseille erreicht er am 3. Juni 1945 wieder Amsterdam. März: Margot und Anne sterben vermutlich an Flecktyphus als Folge von katastrophalen hygienischen Zuständen. Frühjahr: Frau van Pels (van Daan) stirbt. 5. Mai: Peter van Pels (van Daan) stirbt. Anfang August: Miep Gies übergibt Otto Frank die Aufzeichnungen und Tagebücher seiner Tochter Anne.	15
1947	Niederlande	Die erste Ausgabe der Tagebücher, bearbeitet von Otto Frank, erscheint unter dem Titel *Het Achterhuis*.	
1949	Amsterdam	Otto Frank erhält die niederländische Staatsbürgerschaft.	
1950	Deutschland	In der Übersetzung von Anneliese Schütz erscheint in Deutschland *Das Tagebuch der Anne Frank*.	

JAHR	ORT	EREIGNIS	ALTER
1952	Basel	Otto Frank zieht nach Basel um.	
1953		November: Otto Frank heiratet Elfriede Geiringer (geb. Markovits), eine aus Wien nach Amsterdam emigrierte Jüdin, die mit ihrer Familie in der Nähe der Franks am Merwedeplein gewohnt und die Anne flüchtig gekannt hat. Ihr Mann und Sohn sind ebenfalls im KZ umgekommen. Sie ist Otto Frank im Zug nach Odessa zufällig begegnet.	
1957	Frankfurt	12. Juli 1957: Eugen Kogon[1] hält anlässlich des Geburtstags Anne Franks eine Rede in der Paulskirche in Frankfurt. Anschließend wird eine Gedenktafel am ehemaligen Wohnhaus in Frankfurt, Ganghofer Str. 24, angebracht.	
1980	Birsfelden/ Schweiz	19. August: Otto Frank stirbt im Alter von 91 Jahren. Er hat die handgeschriebenen Tagebuchaufzeichnungen testamentarisch dem Niederländischen Staatlichen Institut für Kriegsdokumentationen vermacht.	
1986	Niederlande	*Die Kritische Edition* von Anne Franks Tagebuch erscheint.[2]	
1992	Deutschland	In Deutschland kommt die erweiterte Neuausgabe des Tagebuchs in der Übersetzung von Mirjam Pressler auf den Markt.	
2001	Deutschland	Die Taschenbuchausgabe mit den bisher unveröffentlichten Seiten erscheint.	

1 Eugen Kogon (1903–1987), Ordinarius für Wissenschaftliche Politik an der Technischen Hochschule in Darmstadt, 1938 in Wien verhaftet, KZ-Häftling bis 1945 in Buchenwald, Verfasser des Werks *Der SS-Staat. Das System der deutschen Konzentrationslager.* Frankfurt 1946.

2 Auf Deutsch 1988 im S. Fischer Verlag, siehe Literaturverzeichnis. Im Folgenden als HKA zitiert.

2.2 Zeitgeschichtlicher Hintergrund

ZUSAMMENFASSUNG

Das Tagebuch der Anne Frank ist vor dem Hintergrund von Nationalsozialismus, Zweitem Weltkrieg und Holocaust zu lesen. Nach seiner Ernennung zum Reichkanzler 1933 ließ sich Hitler mit dem sogenannten „Ermächtigungsgesetz" die gesamte Staatsgewalt übertragen und schaltete somit das Parlament aus. Von nun an wurden im nationalsozialistischen Deutschland die jüdischen Mitbürger Zug um Zug aus dem wirtschaftlichen und kulturellen Leben ausgeschlossen. Immer neue diskriminierende Gesetze erschwerten ihnen die Teilhabe am normalen bürgerlichen Leben. Das Ziel der Nationalsozialisten war eine „Säuberung" des deutschen Volkes (später ganz Europas) von der jüdischen Rasse, zunächst durch Auswanderung unter Zurücklassung der Vermögen, später durch systematische Verfolgung, Deportation und Ermordung in Konzentrationslagern. Das Schicksal Anne Franks steht beispielhaft für die Ermordung von 6 Millionen Juden aus vielen Ländern Europas.

Entwicklung bis 1933

Weimarer Republik

Als Anne Frank 1929 zur Welt kam, hatte ihre Familie aufgrund der geschichtlichen Bedingungen im Deutschland der Weimarer Republik (1919–1933) eine Reihe wirtschaftlich negativer Erfahrungen machen müssen. Das von ihrem Großvater Michael Frank 1889 in Frankfurt am Main gegründete und schnell erfolgreiche Bankgeschäft, das sich vornehmlich auf den Devisenhandel stützte, ermöglichte rasch auch die Beteiligung an anderen Firmen, so dass sich die liberal-jüdische Familie Frank zu den wohlhabenden

Bürgern Frankfurts rechnen konnte. Nach dem verlorenen Ersten Weltkrieg (1914–1918) wendete sich aber das Blatt. Im Frieden von Versailles 1918 musste Deutschland die Kriegsschuld auf sich nehmen und sich bereit erklären, die Kriegsschulden, die den alliierten Verbündeten, vor allem Frankreich, entstanden waren, zu übernehmen und sukzessive durch Wiedergutmachungszahlungen, die sogenannten Reparationen, zu tilgen. Dies brachte die junge Weimarer Republik in große wirtschaftliche und politische Schwierigkeiten. So geriet auch die **Frank'sche Bank** in Liquidationsschwierigkeiten. Die dem Kaiserreich gewährten Kriegsanleihen gingen verloren, Rückerstattungen gab es nicht. Hinzu kam, dass Deutschland keinen Devisenhandel betreiben durfte, folglich auch das Hauptgeschäft der Frank'schen Bank wegfiel. Darüber hinaus brachten einschränkende Bestimmungen der Siegermächte den Geldhandel fast vollständig zum Erliegen.

Ab 1924 versuchte Otto Frank, Annes Vater, der als Liquidator der Bank eingesetzt worden war, durch Rückzahlung der Schulden an die Gläubiger den Konkurs abzuwenden. Eine „saubere" Abwicklung durch Entschädigung der Gläubiger war 1929 erreicht.

Während dieser Zeit hatte Otto Frank eine **Bankniederlassung in Amsterdam** gegründet, um den auf Deutschland ausgeübten Repressalien zu entgehen. Doch auch die von den Niederlanden aus betriebenen Spekulationsgeschäfte scheiterten aufgrund der Weltwirtschaftslage katastrophal. Die Weltwirtschaftskrise, wie man den Zusammenbruch der Weltwirtschaft nach 1929 bezeichnet, trug hierzu entscheidend bei. Auch die junge Weimarer Republik war von ihr bedrohlich betroffen. Mit dem Zusammenbruch der New Yorker Börse wurde das im Ausland geliehene Kapital kurzfristig zurückgezogen. Der Mangel an Kapital und weltweite Absatzschwierigkeiten der Produkte führten zu Massenarbeitslosigkeit, Kaufkraft-

Weltwirtschaftskrise

verlust und massenhaften Zusammenbrüchen von Großbanken und Industrieunternehmen.

Abkehr von der Demokratie

Die soziale Not im Volk wuchs ab 1931 spürbar und bereitete den Boden für die Abkehr von der Demokratie. 1932 war das Volkseinkommen um 40 % zurückgegangen, es gab 7 Millionen Arbeitslose. Die Regierung versuchte durch Sparpolitik Herr der Krise zu werden. Die außenpolitischen Erfolge wurden von den inneren Schwierigkeiten überdeckt, diese erschienen den Bürgern als Krise der jungen Demokratie. So konnten die antidemokratischen Kräfte, allen voran die **Nationalsozialistische Deutsche Arbeiterpartei (NSDAP)**, an Boden gewinnen, was sich in kontinuierlichen Stimmengewinnen bei den Wahlen niederschlug. Schon ab 1930 kamen für die Parteien des bürgerlichen Lagers keine handlungsfähigen Mehrheiten mehr zu Stande.

An der Spitze der Weimarer Republik stand in dieser Situation der greise Reichspräsident Paul von Hindenburg, Feldherr und Gewinner der Schlacht bei Tannenberg in Ostpreußen 1914 gegen die russische Armee. Als Monarchist handelte er politisch autoritär, das bedeutete, dass er politische Entscheidungen außerhalb des Parlaments im privaten Beraterkreis traf. Eine andere Politik wurde von den antidemokratischen Kräften, allen voran von der NSDAP, wurde auf der Straße gemacht. Die SA, Sturmabteilung der NSDAP, übte gezielten Terror aus, zermürbte das bürgerliche Lager und bereitete schleichend den Wunsch nach einer starken Hand vor, die die schwachen, nicht durchsetzungsfähigen Parlamentarier ersetzen sollte. So wurde gezielt vorbereitet, was sich schließlich in der Figur Adolf Hitlers als Ende der Weimarer Republik und als Anfang der Leiden vieler Menschen, vor allem aber der Juden, entpuppen sollte.

Adolf Hitler

Adolf Hitler wurde 1889 in Braunau am Inn als österreichischer Staatsbürger geboren. In seiner Jugend schulisch und beruflich erfolglos, nahm er als Gefreiter am Ersten Weltkrieg teil, wurde nach Kriegsende Mitglied Nr. 7 in der 1919 in München gegründeten Deutschen Arbeiterpartei (DAP, 1920 Umbenennung in NSDAP) und 1920 ihr Vorsitzender. Zwar wurde die Partei nach einem gescheiterten Putschversuch 1923 zunächst verboten und Hitler in Gewahrsam genommen, doch bildeten sich Ersatzorganisationen, die an Wahlen teilnahmen. Nach seiner Freilassung aus der Festungshaft, in der er die rassenideologische Schrift *Mein Kampf* verfasste, gründete Hitler die NSDAP neu. 1925 betrug ihre Mitgliederzahl 27.000. Sie wuchs bis 1933 auf 3,9 Millionen an. Die Zahl ihrer Vertreter im Reichstag stieg von 12 (1928) auf 288 (1933) von insgesamt 584 Sitzen. **Kampfverbände wie SA und SS** provozierten Saalschlachten und Straßenkämpfe und verunsicherten die Bürger durch organisierte Massenaufzüge und Massenveranstaltungen. Das im April 1932 von Hindenburg ausgesprochene Verbot der SA und SS „zur Sicherung der Staatsautorität“ wurde vier Monate später wieder aufgehoben.

Mein Kampf

Die NSDAP erstrebte seit ihrem Erstarken bei den Septemberwahlen 1930 die Regierungsübernahme auf legalem Wege, sie knüpfte aber ihre Zusammenarbeit mit anderen Parteien im Parlament an Bedingungen. Im Juli 1932 scheiterte der Eintritt der NSDAP in die Regierung noch an Hitlers Anspruch auf das Kanzleramt, die ihm angebotene Vizekanzlerschaft lehnte er ab. Nach den Novemberwahlen aber war Hindenburg, beeinflusst durch Industrielle und Regierungspolitiker, bereit, Hitler zum Kanzler in einer parlamentarischen Regierung zu ernennen. Hitler forderte zu diesem Zeitpunkt eine Präsidialregierung, was bedeutete, ohne parlamentarische Mehrheit zu regieren. Dies wurde von Hindenburg erneut abgelehnt.

Diskriminierung und Emigration

Die Entwicklung zum NS-Staat war jedoch nicht mehr aufzuhalten. Wahlerfolge bei den Landtagswahlen in Lippe am 15. Januar 1933 bewegten den Reichspräsidenten dazu, Hitler an die Spitze eines „nationalen Zusammenschlusses" zu berufen. In diesem Kabinett waren von zwölf Mitgliedern allerdings nur drei Nationalsozialisten. Ab dem 24. März 1933 regierte Hitler nach weiteren Wahlerfolgen mit dem „Ermächtigungsgesetz", durch das ihm die gesamte Staatsgewalt übertragen wurde. Die **„Machtergreifung"** war ihm somit gelungen. 1933 begann er, mit seinen Helfern und Helfershelfern Deutschland zu einem totalitären Staat umzubauen. Das Ermächtigungsgesetz war mit 441 gegen 94 Stimmen im Parlament beschlossen worden. Danach begann Hitler mit dem Beseitigen seiner Gegner, zunächst durch Parteiverbote der Sozialdemokratischen Partei (SPD) und der Kommunistischen Partei (KPD), vorläufig auf vier Jahre, danach unbefristet.

„Machtergreifung" 1933

Bis 1938 herrschte im Hitler-Deutschland das Bestreben vor, die Juden aus dem wirtschaftlichen und kulturellen Leben zu verdrängen. Durch **diskriminierende Gesetze** sollten sie unter Zurücklassung ihrer Vermögen zur Auswanderung veranlasst werden. Schon am 1. April 1933 wurde auf Hitlers Weisung hin ein allgemeiner Judenboykott organisiert. Die Bürger wurden u. a. dazu aufgerufen, nicht in jüdischen Geschäften zu kaufen. Jüdische Schulkinder sollten durch Zuweisung auf bestimmte Bankreihen sogleich ausgemacht werden können. Kurz darauf wurden sie vom Schulbesuch ausgeschlossen. Die jüdischen Gemeinden reagierten mit Selbsthilfemaßnahmen sozialer und kultureller Art. So wurden eigene jüdische Schulen gegründet, die von den jüdischen Schülerinnen und Schülern besucht wurden.

Judenboykott

In dieser Zeit zogen Otto und Edith Frank die Konsequenz, in die Niederlande zu emigrieren. Sie wollten dem Nazi-Terror entkom-

Emigration der Franks in die Niederlande

Das Opekta-Werk

men, wenngleich dies für sie auch wirtschaftlich große Unsicherheit mit sich brachte. Das **von Otto Frank gegründete Opekta-Werk** war keinesfalls eine Goldgrube, denn das Produkt, das bei der Herstellung von Marmelade Verwendung fand, musste erst einmal bekannt gemacht und eingeführt werden. Hierfür galt es, die Hausfrauen, die den Jahresbedarf für die Familie in Vorratswirtschaft selbst herstellten, zu überzeugen und zu gewinnen. Opekta wurde auf Flaschen abgezogen und in kleinen Mengen in Drogerien an Hausfrauen verkauft. Durch konsequente Geschäftsführung und durch den Zusammenschluss mit dem Gewürzhandel (Pomesin-Opekta-Werke), geleitet von Hermann van Pels, gelang das Auskommen für zwei Familien und acht Angestellte einschließlich der Beschäftigten im Außendienst. Das Überleben in der Emigration war wirtschaftlich gesichert.

„Reichskristallnacht"

In Deutschland jedoch wurden die Repressalien gegenüber den jüdischen Bürgern immer größer. 1935 wurden Juden durch das neue Reichsbürgerrecht zu Staatsangehörigen minderen Rechts. Am 9./10. November 1938 wurden Pogrome organisiert. Fast alle jüdischen Synagogen in Deutschland wurden angezündet und zerstört, jüdische Wohnungen und Geschäfte ausgeplündert und demoliert. Die entstandenen Schäden wurden von den Versicherungen nicht übernommen und waren von den Betroffenen selbst zu bezahlen. Darüber hinaus bürdete man den Juden hohe Sondersteuern auf. Die Emigration wurde ihnen nun vielfach erschwert durch Vermögensbeschlagnahmungen und durch Verbot des Devisentransfers in die aufnehmenden Länder. Es existierten seit Anfang 1939 Pläne für „Judenreservate" unter der Oberhoheit der Nazis. Der konkrete Plan der „biologischen Vernichtung" der europäischen Juden entstand bei Hitler vermutlich im Frühjahr 1941 bei der Vorbereitung des Angriffs auf die Sowjetunion. In den Akten der Nürnberger Kriegsverbrecherprozesse taucht der 31. März 1941, die Wannsee-Konferenz, als Tag des **„Befehls zur Endlösung der Judenfrage“** auf. Am 1. September 1941 erging der Befehl zum Tragen des sechszackigen Judensterns auf handtellergroßem gelben Stoffgrund mit der Aufschrift „Jude“ und die Anordnung zum Führen jüdischer Vornamen, die Pässe wurden mit einem **J** für Jude abgestempelt. Öffentliche Verkehrsmittel durften von Juden zunächst nur außerhalb der geschlossenen Wagen, dann gar nicht mehr benutzt werden. Das Halten und Führen eines Autos war ihnen verboten, das Halten von Haustieren untersagt. Der Verkauf des Anlage- und Sachvermögens auswandernder Juden zu Schleuderpreisen an Arier wurde befohlen **(„Arisierung“)**, später wurden Vermögenswerte, auch Autos, beschlagnahmt und einkassiert. Bis 1938 war ein Drittel der Juden aus Deutschland ausgewandert.

Wannsee-Konferenz

Der Weg in den Zweiten Weltkrieg

Hitlers Expansionspolitik

Diese wurden von den Maßnahmen nicht mehr getroffen, sofern es ihnen rechtzeitig gelungen war, sich aus der Sphäre Nazi-Deutschlands weit genug zu entfernen. Hitler jedoch wusste seinen Machtbereich durch aggressive Expansionspolitik in Revision des Versailler „Friedensdiktats“, Revisionspolitik genannt, erheblich zu erweitern. Er erreichte die Zustimmung zu seiner Politik des „Anschlusses“ durch Verständigung mit dem faschistischen Italien (das deutschsprachige Südtirol blieb unangetastet) und durch einen deutsch-sowjetischen Nichtangriffspakt 1938. Schon 1936 wurde das Rheinland als entmilitarisierte Zone von deutschen Truppen besetzt, ohne dass die alliierten Westmächte nennenswerten Protest erhoben. Es folgten mit fadenscheinigen Begründungen der **„Anschluss“ Österreichs und des Sudetenlands**; Böhmen und Mähren wurden als Protektorat unter deutschen Schutz gegen die Tschechen gestellt, danach das Memelgebiet. Die Westmächte, allen voran England, hatten entgegen der untereinander bestehenden

Verträge stillgehalten, weil Hitler sie glauben machte, seine Expansionspolitik richte sich ausschließlich nach Osten, um den **„deutschen Lebensraum“** zu erweitern. Ein Nichtangriffspakt mit Stalin war in „Abgrenzung der beiderseitigen Interessen in Osteuropa“ 1939 geschlossen worden. Er sollte Hitler den Rücken im Osten freihalten. Deshalb wagte er am 1. September 1939 ohne Sorge einer Intervention der Westmächte den **Überfall auf Polen**, nachdem er in polnische Uniformen gekleidete SS-Leute den Sender Gleiwitz hatte überfallen lassen. Auf diese Weise wurde ein Krieg inszeniert, der in seinen Dimensionen und Folgen bis dahin alles Bisherige übertraf.

Besetzung Hollands

Am 3. September 1939 erklärten Großbritannien und Frankreich als Antwort auf den Angriff auf Polen Deutschland den Krieg. 1940 besetzten deutsche Truppen Dänemark und Norwegen, am 10. Mai 1940 marschierten sie in Holland, Belgien, Luxemburg und Frankreich ein. Holland kapitulierte bereits am 14. Mai 1940. 1941 erfolgte der deutsche Angriff auf die Sowjetunion, am 7. Dezember ein Angriff des mit Deutschland verbündeten Japans auf die amerikanische Flotte in Pearl Harbor, was zum Kriegseintritt der USA am 11. Dezember gegen Deutschland und Italien führte.

Die Vernichtung der 6. Armee bei Stalingrad im Januar 1943 bedeutete jedoch die Wende im Krieg gegen Hitler. Die Landung der Alliierten in der Normandie (D-Day) am 6. Juni 1944 läutete das Ende von Nazi-Deutschland ein.

Judenverfolgung in den Niederlanden

Der 10. Mai 1940 aber, der Einmarsch der deutschen Truppen in die Niederlande, wodurch der bestehende Neutralitätspakts gebrochen wurde, bedeutete für die Familie Frank erhöhte Wachsamkeit und Alarmbereitschaft. Von nun an bereitete Otto Frank sorgfältig die **Möglichkeit des Untertauchens** vor. Die Voraussetzungen dafür wurden mit der Familie und den eingeweihten Helfern detailliert abgesprochen und vereinbart.

Kollaborateure

Die in Deutschland geltende Politik wurde lückenlos auf das besetzte Holland angewendet. Es fanden sich genügend Kollaborateure bereit, mit den Besatzern zusammenzuarbeiten und Schergendienste zu leisten. Auch in Holland gab es eine Nationalsozialistische Bewegung (NSB), Sammelbecken von Leuten, die sich Gewinn aus der Zusammenarbeit mit den Deutschen versprachen, Anlass für äußerste Vorsicht bei allen Plänen und Unternehmungen gegen die Anordnungen der deutschen Besatzer. Diese Anordnungen erschienen regelmäßig im *Verordnungsblatt des Reichskommissars für die Besetzten Niederlande:*

Abtransporte der jüdischen Emigranten

Am 2. Juli 1940 erging der Aufruf, dass sich alle Juden anderer als niederländischer Staatsangehörigkeit unverzüglich zu melden hätten. Seit dieser Zeit waren die jüdischen Emigranten und namhafte Gegner der Besatzer (vor allem Mitglieder von Untergrundorganisationen) nicht mehr sicher. Es kam immer wieder zu überraschenden Hausdurchsuchungen, Verhaftungen und Abtransporten.

Im Oktober 1940 wurde die Meldung aller in jüdischem Besitz befindlichen oder mit jüdischer Beteiligung existierenden Handelsunternehmen verlangt. Seit 1941 betrieb Otto Frank daher seinen Rücktritt als Direktor seiner Firma. Die Direktorenstelle übernahm der Niederländer Kleiman. Man ergriff scheinbar „Maßnahmen zur Arisierung der Aktiengesellschaft“[3], wie der Rechtsanwalt der Pomesin-Opekta-Werke der niederländischen Handelskammer mitteilte. Für Verstöße gegen die Verordnung wurden Gefängnis oder hohe Geldstrafen angedroht. Am 7. Mai 1943 wurde die Firma offiziell aufgelöst und unter dem Namen Gies & Co. unter der gleichen Adresse fortgeführt.

„Arisierung“ der Pomesin-Opekta-Werke

---

3 HKA, S. 16.

Im November 1943 wurden auch in Holland alle Juden in öffentlichen Ämtern entlassen, ab Januar 1941 mussten alle Kinobesitzer den jüdischen Mitbürgern den Zugang zu den Lichtspielhäusern verwehren. Zu diesem Zeitpunkt erging auch der Aufruf, dass alle Personen jüdischen Glaubens, jüdischen Blutes oder teilweise jüdischen Blutes zu melden seien. Die Öffentlichkeit wurde zum Verrat förmlich gezwungen. Ab Februar 1941 durften sich jüdische Studenten nicht mehr immatrikulieren. Die Fortsetzung eines bereits begonnenen Studiums bedurfte einer besonderen Genehmigung.

„Judenrazzien"

Seit Februar 1941 gab es in Amsterdam laufend „Judenrazzien". Eugen Kogon berichtet, dass im Februar 1941 aus Amsterdam und Rotterdam 389 Juden im KZ Buchenwald bei Weimar eingeliefert wurden.[4] Diese Aktion war mit einem **Generalstreik der Holländer gegen die deutschen Besatzungsbehörden** begründet worden. Otto Frank verbrachte auf Grund der persönlichen Unsicherheiten manche Nacht unter wechselnden Adressen bei Mitarbeitern und Vertretern der Firma. Im Sommer erging das Verbot, Parks und Badeanstalten zu besuchen. Im Oktober 1941 wurde Juden jedwede berufliche Betätigung verboten. Am 5. Dezember 1941 wurden alle „nicht holländischen" Juden zur „freiwilligen Auswanderung" aufgefordert.

Einführung des Judensterns in Holland

1942 mussten die holländischen Krankenhäuser von jüdischen Patienten „gesäubert" werden, im April wurde der Judenstern mit der Aufschrift JOOD in Holland eingeführt. Am 30. Juni erging eine Ausgangssperre für Juden von 20–6 Uhr. Von nun an gab es in Amsterdam laufend Razzien. Am 2. Oktober 1942 wurden nach Angaben des SS- und Polizeiführers in den besetzten Niederlanden, Rauter, 14.000 Juden aus Holland in Arbeitslager deportiert.[5] Um

---

4 Kogon, *Der SS-Staat*, S. 213.
5 Schnabel, S. 53 ff.

diese Zeit befand sich Anne mit ihrer Familie bereits im Versteck. Unter dem Datum vom 20. Juni 1942 fasst sie zusammen, wie ein Judengesetz dem anderen folgte, und zitiert ihre Klassenkameradin Jacque, die ihr sagte: „Ich traue mich nichts mehr zu machen, ich habe Angst, dass es nicht erlaubt ist" (S. 21).

Hilfe und Verrat

Dass die Maßnahmen der deutschen Besetzer bei den meisten Niederländern auf Ablehnung stießen, zeigt die Bereitschaft vieler Bürger, verfolgte und drangsalierte jüdische Mitbürger zu verstecken und zu versorgen. Vor allem die Anordnung für das Tragen des Judensterns führte zur anwachsenden Abneigung gegen die Besatzer. Die Regimegegner nahmen den psychischen Druck und das Risiko in Kauf, mit Gefängnis und Deportation in Arbeitslager bestraft zu werden (siehe auch Kap. 5 Materialien). Nach dem **Verrat und der Entdeckung der Bewohner des Hinterhauses** Prinsengracht 263 wurden auch die Frank-Helfer Kleiman und Kugler verhaftet. Beide haben die folgenden Strafaktionen zwar überlebt, waren aber dem Nazi-Terror im Gefängnis und in Arbeitslagern ausgesetzt.[6]

Der Massenmord an den europäischen Juden

Der Holocaust

Bis auf Otto Frank teilten die acht Hinterhausbewohner das Schicksal der mehr als 6 Millionen europäischen Juden, die in den Vernichtungslagern ermordet wurden. Die „Endlösung" bedeutete eine **systematische Massenvernichtung**, „ein durchorganisiertes kaltes System, das Massen erfasste"[7], eine „Leistung" der SS, allen voran des Reichsführers-SS Heinrich Himmler, Chef der deutschen Polizei und damit der Gestapo (Geheime Staatspolizei), der Kriminalpolizei, der Ordnungspolizei, der Allgemeinen SS (Schutz-

---

6 Im Kap. 5 dieser Erläuterung sind Aussagen Kuglers über den Entdeckungsvorgang der Versteckten festgehalten.

7 Kogon, *Der SS-Staat*. S. 40.

Das Versteck: Hinterhaus Prinsengracht 263, Amsterdam

Staffel), der Totenkopf-Verbände und der Verfügungstruppen, später Waffen-SS genannt. Die SS existierte als bewaffnete zweite Macht im Hitler-Staat neben der Reichswehr. Ihre hauptsächliche Aufgabe war die Durchsetzung der Rassenpolitik, die durch das System der Konzentrationslager seit 1939 zur Vernichtung ganzer Volksgruppen führte, vor allem der europäischen Juden, gefolgt von Sinti und Roma und Zeugen Jehovas. In den Lagern regierten perfekter Terror und Vernichtung. „Ermessungsspielräume" für Brutalität, Willkür und Mord ersetzten Recht und Gerechtigkeit. Für das „Abknallen von Häftlingen" gab es Sonderprämien in Form von Urlaub, Geld und schneller Beförderung.[8] Die Lager waren nach Kategorien gestuft, beginnend mit I Arbeitslager, II Verschärfte Lebens- und Arbeitsverhältnisse, III „Knochenmühlen"[9]. Die Gestapo verhaftete allein im Reichsgebiet 1941 monatlich etwa 15.000 Personen. Schon im Oktober 1939 hatte der Chef der Sicherheitspolizei verfügt, dass Entlassungen aus der „Schutzhaft", so war der offizielle Ausdruck für die **Verschleppung in Lager**, im Allgemeinen während des Krieges nicht stattfänden. Jüngere und gesunde Häftlinge wurden zu schwersten Arbeiten herangezogen, mit Fortdauer des Krieges vorrangig in der Rüstungsindustrie. Seit 1941/1942 entstanden neben den bestehenden Haft- und Arbeitslagern ausgesprochene Vernichtungslager. Einigen, so dem für über 100.000 Häftlinge errichteten Auschwitz, waren SS-Betriebe oder Zweigwerke großer Industriefirmen angegliedert, in denen ein Teil der arbeitsfähigen Häftlinge vor der Liquidierung eine Zeitlang arbeiten mussten. Durch „Sonderbehandlung", was nichts anderes als die systematische Ermordung durch Massenerschießungen, Treiben in

Die SS

Vernichtungslager

---

8 Ebd., S. 59.
9 Ebd., S. 44 f. Im Kap. 5 dieser Erläuterung sind zwei Auszüge aus dem Buch *Der SS-Staat* von Eugen Kogon angeführt, die sich mit dem Wissen um die Vernichtung und der Schuldfrage beschäftigen.

Elektrozäune, **Vergasungen in den so genannten „Waschräumen“** bedeutete, versuchte man schon unmittelbar bei der Ankunft der Häftlinge der unvorstellbaren Überfüllung der Lager Herr zu werden. Gab es in den früh errichteten Lagern noch eine festgefügte Ordnung für die Insassen, die ihren Niederschlag in einem relativ überschaubaren Tages- und Arbeitsablauf fand (vor und nach der Arbeit mehrstündiger Appell auf dem Appellplatz in der Mitte des Lagers, geregelte, wenn auch viel zu schlechte und kleine Essensrationen, geordnete Unterbringung in Baracken), so war dies bei der Fülle der im Osten errichteten Lager und der massenhaften Menschentransporte nach Massenverhaftungen und ständigen Umverteilungen auf immer andere Lager im Kriegsverlauf nicht mehr möglich. Wasserversorgung, Abwasserbewältigung, Nahrungsmittelversorgung waren in allen Lagern desolat. Die Ernährungs-Pauschalsumme betrug in Buchenwald pro Häftling und Tag 55 Pfennig, sonntags gab es strafweise oft kein Essen.[10]

„Sonderbehandlung“

Das Schicksal der Familie Frank

Die acht am 4. August 1944 im Hinterhaus Entdeckten wurden zunächst in das holländische Arbeitslager Westerbork gebracht. Von da aus wurden sie sukzessive auf verschiedene Konzentrationslager verteilt. Die Franks kamen zunächst nach Auschwitz, Otto Frank wurde sogleich von seiner Familie getrennt.

Ernst Schnabel hat nach 1945 ebenso wie das Niederländische Institut für Kriegsdokumentation (für seine kritische Ausgabe der Tagebücher) Recherchen angestellt, um dem Schicksal Anne Franks und ihrer Familie ebenso wie dem Schicksal der übrigen niederländischen Juden nachzuspüren.[11] Die Frauen aus dem Hinterhaus wurden im Herbst aus dem Arbeitslager in Westerbork nach Auschwitz abtransportiert. Im November 1944, weniger als zwei Monate

---

10 Vgl. ebd., S. 57.
11 Vgl. ebd.

nach ihrer Ankunft in Auschwitz, wurden Anne und Margot und offensichtlich auch Frau von Pels (van Daan) nach Bergen-Belsen bei Hannover verschleppt. Um diese Zeit war überdeutlich klar, dass der Krieg verloren war, die Alliierten rückten von allen Seiten auf das Reichs- und Besatzungsgebiet vor. Die SS arbeitete hektisch an der Verwischung der Gräueltaten durch weitere Dezimierung der Lagerinsassen auf jede mögliche Weise.

Verschleppung nach Auschwitz

Anne Franks Tod in Bergen-Belsen

Typhusepidemie

Bergen-Belsen war ursprünglich als **Austauschlager** errichtet worden. Es war zwar ein Aufenthaltslager für Juden, sie wurden jedoch bei Bedarf ausgetauscht gegen für die Nazis interessante und nützliche Deutsche außerhalb ihres Einflussbereichs. Die Aussicht auf einen Austausch nach Palästina hatte dem Lager im Vergleich zu Auschwitz einen weitaus angenehmeren Klang in jüdischen Ohren verliehen. Insgesamt lebten im Lager 125.000 Juden und 3750 Niederländer. 50.000 von ihnen sind dennoch umgekommen, die meisten in den letzten Wochen vor und noch in den ersten Wochen nach der Befreiung durch die einmarschierenden Alliierten (v. a. an Seuchen). Von den 3750 Niederländern sind 1700 umgekommen. Im Herbst 1944, zum Zeitpunkt der Ankunft von Anne und Margot, reichten die Baracken für die Aufnahme der Menschen längst nicht mehr aus. Die Neuankömmlinge mussten auf einer dünnen Stroheinlage in überbelegten Zelten ohne die Möglichkeit eines Zugangs zu den offenen Latrinen nächtigen. Am 7. November 1944 raste ein schwerer Herbststurm über die Heide hinweg, der mehrere Zelte wegfegte. Im Winter stockten zudem die Nahrungszulieferungen. Die SS sah sich außerstande, in dem wachsenden Chaos noch Ordnung zu halten. Als am Ende des Winters eine Typhusepidemie ausbrach, beschränkte sich die SS aus Furcht vor Ansteckung nur noch auf die Bewachung des Lagers, um Fluchtversuche zu verhindern. Auch Margot und Anne fielen der Epidemie zum Opfer. Ihr genaues Todesdatum konnte nicht ermittelt werden. Ende Februar bis Anfang März 1945 kommt als Zeitraum für das Sterben Annes in Frage. Ihre Gräber sind irgendwo unter dem Moos- und Heidebewuchs in Bergen-Belsen.[12]

1945 und danach

Kapitulation

Am 7. Mai 1945 erfolgte die bedingungslose Kapitulation der deutschen Wehrmacht. Der weitaus größte Teil des Reichsgebiets war bereits vorher von den Siegern besetzt. Am 30. April hatte Hitler im Bunker der Reichskanzlei in Berlin Selbstmord verübt. In den letzten Wochen des Krieges reichten die Auflösungserscheinungen bis in die Gruppe der Spitzenfunktionäre der Partei. Man hatte aufgehört, den Befehlen Hitlers blind zu folgen. Der von Hitler bestimmte Nachfolger Großadmiral Dönitz wurde am 23. Mai 1945 von den Alliierten abgesetzt und verhaftet. Regierungsgewalt und Verwaltung ging an die Alliierten über. Deutschland hatte 6 ½ Millionen Tote zu beklagen, Russland allein 20 Millionen. 1945/46 wurde von einem alliierten Militärgericht 24 überlebenden hohen Nazi-Funktionären der Prozess gemacht. Zwölf von ihnen wurden zum Tode verurteilt. Drei erhielten lebenslänglich Zuchthaus, drei wurden freigesprochen. Himmler hatte im Januar 1945 Verbindungen zu dem schwedischen Grafen Bernadotte mit dem Ziel der Beendigung des Krieges an der Westfront und dem Angebot der Freilassung von Gefangenen und Juden aufgenommen. Der Krieg gegen die Sowjetunion sollte zusammen mit den westlichen Alliierten fortgesetzt werden. Die Ergebnislosigkeit der Verhandlungen führte auf Befehl Hitlers zur Enthebung Himmlers von allen Ämtern und zum Parteiausschluss.

---

12 Zusammengefasst nach HKA, S. 59 f.

Am 22. Mai geriet er untergetaucht unter falschem Namen bei Bremervörde in britische Gefangenschaft und nahm Gift.

Aufarbeitung

Bis in die Gegenwart versucht die Bundesrepublik Deutschland durch Prozesse gegen aufgespürte KZ-Aufseher und untergetauchte Straftäter aus der Nazi-Zeit Wiedergutmachung an den hinterbliebenen Opfern des NS-Regimes. Es handelt sich, gemessen an dem verursachten Leid, um unzulängliche Anstrengungen, die Schuld der Vergangenheit zu sühnen. Nach zähen Verhandlungen mit Industrieunternehmen wurde 2001 der Weg frei, längst überfällige Entschädigungen an die noch verbliebenen Industrie-Zwangsarbeiter zu zahlen.

Identität des Verräters

In Nachkriegsrecherchen haben sich die Niederlande darum bemüht, den oder die Verräter der Bewohner des Hinterhauses zu ermitteln. Von Anfang an ist der Lagerarbeiter in der Prinsengracht 263 Willem Gerard van Maaren verdächtigt worden, der besonders durch Schnüffeleien und neugierige Fragen aufgefallen war. Ihm hat man später auch Diebstahl von Waren aus dem Vorratslager in der Prinsengracht nachgewiesen, was ihn ebenfalls stark belastet hat. Auf Betreiben Otto Franks haben 1948 und 1964 erneut Vernehmungen durch die holländische Polizei und gerichtliche Untersuchungen stattgefunden. Van Maaren konnte jedoch der Verrat an den Bewohnern des Hinterhauses nicht nachgewiesen werden.[13] Auch diese Schuld am Tode von unschuldig Verfolgten muss, wie vieles andere, ungesühnt bleiben.

---

13 Ebd., S. 31 ff.

2.3 Angaben und Erläuterungen zu wesentlichen Werken

ZUSAMMEN-FASSUNG

Von einem Werk Anne Franks im eigentlichen Sinn kann man nicht sprechen. Dennoch existieren neben ihren Tagebucheintragungen zum Tagesgeschehen, zu Gedanken und Alltag und Zwischenfällen im Hinterhaus einige kleine Geschichten von ihrer Hand. Sie zeugen von dem ernsthaften Versuch, sich im Erzählen und Schreiben schriftstellerisch zu üben. Sofern diese Geschichten ins Tagebuch eingefügt wurden, lassen sie sich datieren. Lose Blätter entziehen sich hingegen einer exakten Datierung.

Geschichtenbuch

Alle Geschichten stammen aus der Versteckzeit **zwischen dem 12. Juni 1942 und dem 1. August 1944**. Es ist bezeugt, dass Anne Frank ein *Geschichtenbuch* geführt hat. Miep Gies übergab alle Aufzeichnungen Annes ihrem Vater Otto Frank nach seiner Rückkehr nach Amsterdam im Juni 1945. Anne selbst hat diese Geschichten am 7. August 1943 als ihre „Federkinder" (S. 127), von denen sich schon eine ganze Anzahl angesammelt hätten, bezeichnet. So verweist sie beispielsweise am 9. Mai 1944 auf die Fertigstellung eines Märchens *Ellen, die Fee.* Am 11. Mai 1944 vertraut sie ihrem Tagebuch an, dass sie Journalistin und eine berühmte Schriftstellerin zu werden wünscht. Nach dem Krieg wollte sie ein Buch *Das Hinterhaus* herausgeben (vgl. S. 278). Mit dem Geschichtenschreiben aber hat sie schon im ersten Versteckjahr begonnen. Unter dem Datum vom 7. August 1943[14] fügt Anne Frank ihrem Tagebuch eine Erzählung

14 HKA, S. 443–445, in der zitierten Fischer-Taschenbuchausgabe nicht enthalten.

Kaatje

mit dem Titel *Kaatje* ein, die sie, wie sie im Begleittext sagt, für Kinder geschrieben hat. Kaatje ist eines der Nachbarskinder, vaterlos, mit vielen Geschwistern. Die Mutter muss den Unterhalt der Familie als Waschfrau verdienen. Deshalb wird Kaatje zur Hausarbeit herangezogen. Häufig verhält sie sich sehr ungezogen gegenüber der Mutter und den Geschwistern. Aber wenn Kaatje ihre kleine schwarze Katze (*Kaatje*, ndl. Kätzchen) versorgt, so tut sie dies mit großer Liebe und Gewissenhaftigkeit. Zum Geburtstag bekommt Kaatje einen Zoobesuch zum Geschenk.

Die kleine Geschichte endet recht pointiert mit einem Hinweis auf die wenig geliebte Schule, in der sie oft wegen Schwatzhaftigkeit in der Ecke stehen muss. Es sei eher nützlich, weniger als zu viel zu lernen, „denn zu gescheite Mädchen bekommen keinen Mann." Auch die symbolische Namengebung verweist auf bewussten Gestaltungswillen beim Schreiben.

Katrientje

Eine weitere Geschichte ist *Katrientje*[15] betitelt. Hier überträgt Anne ihre eigene Situation, das Abgeschnittensein von Gleichaltrigen, die Spannung zu den Eltern und die daraus erwachsene Freudlosigkeit auf das Bauernmädchen Katrientje. Die Geschichte endet in großer Enttäuschung, weil auch ihr Versuch, sich die Anerkennung anderer Kinder durch Geschenke zu erkaufen, kläglich scheitert.

Verschiedene Fassungen dieser Geschichte zeigen an, dass Anne Frank an Sprache und Stil gefeilt hat. Der jeweils offene Schluss der Geschichte lässt kaum Zweifel an ihrem Stilgefühl.

Angst

Aus der Angst, die Anne bei den Luftangriffen auf Amsterdam im Hinterhausversteck gespürt hat, ist eine Geschichte mit dem Titel *Angst* entstanden, aufgeschrieben im März 1944 (vgl. HKA). Zunächst wird eine tumultartige Kriegssituation mit Kanonendonner,

15 Ebd., S. 447–451.

Schusswechseln und Explosionen geschildert. Sie wird ausgeweitet zu einer Flucht ins Freie. Anne findet sich befreit von äußerem und innerem Druck allein auf einer „grünen Wiese" zwischen Pferdeblumen und Kleeblättern wieder. Sie liegt auf einer Decke, ihr Gesicht der strahlenden Sonne zugewendet, die Angst ist für immer verflogen. Gelöst kann sie zu ihren Eltern zurückkehren und lebt mit ihnen in einer anderen Stadt. Am Ende der Geschichte fasst Anne ihre Erfahrungen zusammen: Angst, so betont sie, vergeht durch das Anschauen der Natur, denn in ihr zeigt sich die Nähe Gottes.

Blurry der Weltentdecker

Die vielleicht aufschlussreichste von Anne Franks Geschichten trägt den Titel *Blurry der Weltentdecker*[16]. Es ist eine Geschichte, in der Anne einen kleinen Bären von seiner Mutter weglaufen lässt, um die Welt zu entdecken. Nach allerlei Abenteuern mit anderen Tieren, die sich seiner annehmen, wie die Katze Miura, die ihm von ihrem Essen abgibt und ihn bei sich schlafen lässt, und einem Hund, der ihn blutig beißt, kommt der Bär in eine Bäckerei, in der er durch Arbeit seinen Lebensunterhalt verdienen muss. Allein der Zufall führt ihn über eine Suchanzeige zu seiner Besitzerin zurück. Von seiner Mutter gefragt, warum er weggelaufen sei, antwortet er: „Ich wollte die Welt entdecken." Seine Antwort auf die weitere Frage, ob er sie entdeckt habe, lautet: „Nein ... eigentlich nicht. Ich konnte sie nicht finden."

Cadys Leben

Auch diese Geschichte spiegelt Annes von ihr als ausweglos empfundene, von der Welt abgeschnittene Situation im Hinterhaus. Der geistvoll pointierte Schluss verrät Gestaltungswillen und -fähigkeit, gepaart mit einem gehörigen Schuss Humor, eine gute Voraussetzung für erfolgreiches Erzählen. Schließlich fand sich noch der An-

---

16 In: Schnabel, S. 89–96. Anne Frank erwähnt diese Geschichte in ihrem Tagebuch unter dem 25. April 1944 (S. 259).

fang eines Romans in Annes zurückgelassenen Papieren. Über den fragmentarischen Beginn hatte Anne geschrieben: „Ich habe viele Ideen und bin dabei, sie zusammenzustellen. Aber da ich kein Papier mehr habe, schreibe ich nun einmal von hinten ...“[17] Verständlich wird diese Aussage, wenn man das Heft in Händen hält. Anne hat im ersten Teil des Heftes Tagebuch geführt und von hinten mit dem Romanentwurf begonnen. Zweifellos hätten sich beide Texte irgendwo im Heft getroffen. Der Roman ist nur skizziert. Sein Titel ist *Cadys Leben.* Anne wollte wohl ihr eigenes Schicksal in den Roman einflechten. Die Heldin Cady hat eine jüdische Freundin. Cady soll frei leben, während ihre jüdische Freundin Mary verschleppt werden sollte. Ob aus einem solchen Entwurf Vorahnung, Angst oder Hoffnung entnommen werden kann, muss unbeantwortet bleiben. Deutlich aber wird auch hier die bedrückende Lage eines jungen Menschen, der über zwei Jahre von der Welt nahezu abgeschnitten in einem Versteck zubringen musste.

17 Zitiert nach: ebd., S. 155.

3. TEXTANALYSE UND -INTERPRETATION

3.1 Entstehung und Quellen

ZUSAMMENFASSUNG

- → Anne Franks Tagebuch entstand zwischen dem 12. Juni 1942 und dem 1. August 1944 im Hinterhaus Prinsengracht 263 in Amsterdam.
- → Es sollte ein „Memoirenbuch" sein, ihre Erlebnisse dokumentieren sowie dem eingeschlossenen Mädchen ein fiktives Gegenüber schaffen.
- → „Ich betrachte mir die Angelegenheit einer gewissen Anne Frank und blättere seelenruhig in meinem eigenen Lebensbuch, als wäre es das einer Fremden." (S. 166)
- → Ihre in Briefform gehaltenen Eintragungen richten sich an eine fiktive Freundin namens Kitty.
- → Im März 1944 begann sie eine Überarbeitung ihrer Eintragungen (Version b).
- → Insgesamt werden drei Fassungen (Version a, b und c) unterschieden, bei Version c handelt es sich um eine für die Rezeption maßgebende Mischfassung aus den Versionen a und b. Die aktuelle Taschenbuchausgabe ist eine erweiterte Fassung von Version c.

12. Juni 1942– 1. August 1944

Das Tagebuch der Anne Frank, von ihr vom 12. Juni 1942 bis zum 1. August 1944 geführt, war ursprünglich – wie das Führen von Tagebüchern überhaupt – gedacht als Möglichkeit, Tages- und Lebensereignisse von persönlich wichtigem Rang festzuhalten. Im Allgemeinen sind solche Tagebücher auf Grund ihres intimen Charakters und ihrer Genese, die keinem erkennbaren literarischen Prinzip folgt,

Gattung Tagebuch

nicht für die Öffentlichkeit bestimmt, sondern dienen der eigenen Erinnerung, sind persönliche **Gedächtnisstützen** und ermöglichen Rückblicke auf Lebensphasen, innere Befindlichkeiten, Gedanken und Stellungnahmen zum Zeitgeschehen. Es handelt sich bei der Gattung des Tagebuchs in der Regel nicht um kunstgemäße Prosa; die Eintragungen folgen dem Prinzip der Linearität, dem Nacheinander in der Zeit, sie bestechen durch den Reiz der Unmittelbarkeit und Subjektivität, der Unausgewogenheit und Unberechenbarkeit, der Authentizität. Sie sind subjektiv gebrochene Lebenszeichen.

Unmittelbarkeit und Subjektivität

Tagebücher existieren in vielfältigen Formen: als knappe Notizen, als Rohmaterial zur Weiterverarbeitung, zum Beispiel für die Erstellung einer Autobiografie. Es gibt so genannte Ereignis-Tagebücher, die über einen begrenzten Zeitraum subjektive Eindrücke, Gedanken, Meinungen festhalten, wie beispielsweise das Reise- oder Kriegstagebuch oder das Schriftsteller-Tagebuch, das oftmals Aufschluss über Pläne und Entstehung von literarischen Werken gibt. Zu einer bedeutenden literarischen Form hat sich das Tagebuch seit dem 17. Jahrhundert herausgebildet. Das damals wachsende bürgerliche Selbstbewusstsein, gepaart mit dem Rückzug ins Private, machten das Tagebuch zu einer beliebten Form, oft bewusst stilisiert im Hinblick auf seine Veröffentlichung.

Formen von Tagebüchern

Ein beispielhaft eindringliches Dokument, ebenfalls die eigene Verfolgung als Jude in der NS-Zeit betreffend, hat der Romanist und Sprachforscher von europäischem Rang Victor Klemperer (1881–1960) aus Dresden mit seinen umfangreichen Tagebüchern der Jahre 1933 bis 1945 vorgelegt. Schon der Titel *Ich will Zeugnis ablegen bis zum letzten* (1995 veröffentlicht) und der Versteckaufwand, der für ihre Erhaltung während der Nazi-Verfolgung getrieben wurde, machen deutlich, wie bewusst Klemperer ein Zeitdokument zur Aufklärung und Warnung der Nachwelt geschaffen hat. „Beobachten, notieren, studieren" war die an sich selbst gestellte

Victor Klemperer: *Ich will Zeugnis ablegen bis zum letzten*

Forderung, die er Tag für Tag einlöste. Auf diese Weise wurde er der „Kulturgeschichtsschreiber der Katastrophe", der er sein wollte. In Kap. 5 dieser Erläuterung (Materialien) sind zwei Textbeispiele aus Klemperers Tagebüchern angeführt.

Minister Bolkesteins Anregung

Auch Anne Frank gehört von dem Augenblick in diese Reihe, als sie eine Rede des niederländischen Kultusministers der Exilregierung, Gerrit Bolkestein, im Sender Oranje am Abend des 28. März 1944 anhört. Ein Reflex auf diese Rede findet sich im Tagebuch (S. 233 f.). Bolkestein hatte angeregt, authentische Dokumente aus der Zeit der deutschen Besatzung der Niederlande zu sammeln und aufzubewahren. Anne schießt der Gedanke an die Herausgabe eines „Romans vom Hinterhaus" durch den Kopf. Sie beginnt mit der Umarbeitung ihres Tagebuchs, indem sie Einfügungen macht, Umordnungen vornimmt und lose Blätter (die Nachträge erscheinen im Tagebuch in Kursivdruck) einfügt. Andere Tagebuchnotizen zeigen aber auch deutlich, dass sie es als „Memoirenbuch" (S. 158) und Möglichkeit ansieht, etwas aus sich herauszustellen, sich ein Gegenüber zu schaffen. „Ich betrachte mir die Angelegenheit einer gewissen Anne Frank und blättere seelenruhig in meinem eigenen Lebensbuch, als wäre es das einer Fremden." (S. 166).

Umarbeitung 1944

Dass das Tagebuch der Anne Frank zu einem Dokument werden konnte, das sich bis heute in einer **Auflagenhöhe von über 20 Millionen** verkauft hat und **in 55 Sprachen** übersetzt wurde, lässt sich nicht daraus erklären, dass es sich um ein literarisches Spitzenwerk handelt, sondern aus den vielen besonderen Umständen seiner Entstehung: Die Verfasserin ist ein von der Außenwelt abgeschnittenes, sehr junges Mädchen, zuerst noch ein Kind, dann allmählich in den Reifungsprozess zu einer jungen Frau eintauchend. Unmenschliche politische Verhältnisse begleiten den Schreibprozess, aus dem ein **Dokument ersehnter Hoffnungen und angstvoller Verzweiflung** erwächst. Das Interesse an diesem Tagebuch ist auch von seinem abrupten Ende her zu erklären, vom todbringenden Verrat nämlich, der letztlich zum Tod der Verfasserin und, von einer Ausnahme abgesehen, dem aller übrigen Hinterhausbewohner führte. Das grausame Schicksal hat auf ungeahnte Weise Annes im Tagebuch gestellte große Frage beantwortet:

„Werde ich jemals Schriftstellerin werden?"

> „Werde ich jemals etwas Großes schreiben können, werde ich jemals Journalistin und Schriftstellerin werden? Ich hoffe es, ich hoffe es so sehr. Mit Schreiben kann ich alles ausdrücken, meine Gedanken, meine Ideale und meine Phantasien. (...) Also weiter, mit neuem Mut. Es wird schon gelingen, denn schreiben will ich!" (S. 238–240)

Was das Tagebuch für Anne zu ihren Lebzeiten bedeutete, geht aus ihrem Eintrag hervor, wo sie bekennt, dass ihr die Vorstellung seines Verlustes die größte Angst bereitet und sie seiner Vernichtung nicht lebend zusehen möchte (S. 244).

Erfindung ihrer Freundin „Kitty"

Hervorstechend weist Annes Tagebuch eine literarische Besonderheit gegenüber den allgemein bekannten und verwendeten Tagebuchformen auf. Indem sich Anne mit der Erfindung der Freundin „Kitty" eine Adressatin schafft, an die sie ihre Eintragungen in Briefform richtet, verwandelt sie die ursprünglich monologisch angelegte Form zu einer dialogischen. Kitty wird in der Regel, wie im Brief üblich, formelhaft begrüßt (**„Liebe Kitty"**) und verabschiedet (**„Deine Anne"**). Der fiktiven Kitty wird Unwissenheit und Ahnungslosigkeit unterstellt. So ist sie Schreibanlass und Erzählziel. Der Satz: „Da du noch nie einen Krieg mitgemacht hast, Kitty, und du trotz all meiner Briefe doch wenig vom Verstecken weißt, will ich dir zum Spaß mal erzählen (...)" (S. 118) zeigt beispielhaft die **Impulstechnik** Annes, die altersangemessen ihre Erlebnisse und

Ansichten erzählend darbietet und dadurch gerade auch jüngere Leser ins Geschehen einbezieht und mitreißt.

Mehrere Fassungen

Das Tagebuch der Anne Frank hat mehrere Fassungen durchlaufen. Die ursprüngliche Fassung von Annes Hand wird als ***Version a*** gekennzeichnet. Die Umarbeitung Annes nach dem 28. März 1944 stellt die ***Version b*** dar. Beide Versionen sind in der kritischen Ausgabe (HKA) zu finden.

Der von Otto Frank zusammengestellte Mischtext der Versionen a und b gilt als ***Version c***. Diese Fassung prägte das Anne-Frank-Bild bis in die 1990er Jahre. Da Otto Frank aus verschiedenen Gründen (persönliche wie editorische, siehe Vorwort zur aktuellen Taschenbuchausgabe) starke Kürzungen vorgenommen hatte, beauftragte der ANNE FRANK-Fonds (Basel, Universalerbe der Autorenrechte Anne Franks) Mirjam Pressler, weitere Passagen aus den ***Versionen a*** und ***b*** des Tagebuchs in die ***Version c*** von Otto Frank aufzunehmen und diese Fassung redaktionell zu bearbeiten. Die aktuelle Fischer-Taschenbuchausgabe von 2001 enthält nun bisher unveröffentlichte Seiten und ermöglicht einen tieferen Einblick in die Welt der Anne Frank. Außerdem werden die Helfer in dieser von Mirjam Pressler bearbeiteten Fassung nicht mehr mit ihren Pseudonymen, sondern mit ihren wirklichen Namen genannt.

Die Frage der Echtheit

1957 und 1958 sind, teils von Norwegen ausgehend und teils aus Kreisen ehemaliger Nationalsozialisten, öffentlich Zweifel an der Echtheit[18] des Tagebuchs geäußert worden. Gegen zwei Personen, Stielau, einen Englischlehrer an der *Oberschule zum Dom* in Lübeck, und Buddeberg, einen ehemaligen Ortsbauernführer in der Nazizeit aus einem Dorf in Schleswig-Holstein, wurde von Otto Frank Strafanzeige wegen übler Nachrede, Verleumdung und Beleidigung, der Diffamierung des Gedenkens an eine Tote und wegen antisemiti-

18 HKA, S. 99–203.

scher Äußerungen erstattet. Beim Landgericht Lübeck ist drei Jahre lang eine akribisch durchgeführte Untersuchung erfolgt. Zur Frage der Echtheit der Tagebücher sind viele Zeugen vernommen worden, unter ihnen Jan und Miep Gies und Bep Voskuijl. Zudem wandte sich der Ermittlungsrichter an das *Institut für Zeitgeschichte* in München wegen der Erstellung einer *Echtheitsexpertise*. Er wurde von dort an Spezialisten verwiesen, die sich mit der Prüfung der Echtheit befassten. Alle kamen unabhängig voneinander zu dem Ergebnis, dass die Tagebücher aus Anne Franks Feder stammten. Bevor es jedoch zur Anklage von Stielau und Buddeberg kam, hatten die Anwälte der streitenden Parteien einen Vergleich geschlossen. Otto Frank hat die Zustimmung zu diesem Vergleich später bedauert, denn die Diffamierungen waren mit der Einstellung des Verfahrens nicht beendet. Vergleichbar der „Auschwitzlüge", deren Vertreter die Tatsache der „Endlösung" bzw. des Massenmords an den Juden Europas leugneten, wurde die Autorenschaft am Tagebuch namentlich benannten, erwachsenen Autoren zugeschrieben. Entspräche dies der Wahrheit, würde es sich beim Tagebuch nicht um einen authentischen Text, sondern um eine Textfiktion handeln. In diesem Fall wäre man für das, was geschehen konnte, nicht mitverantwortlich, eine gewissensentlastende Situation.

Untersuchungen und Gutachten zur Authentizität

Vor diesem Hintergrund hat sich das niederländische Gerichtslaboratorium des Justizministeriums im Auftrag des Niederländischen Staatlichen Instituts für Kriegsdokumentation zu weiteren Untersuchungen und Gutachten zum Beweis der Authentizität von Annes Tagebucheintragungen entschlossen. Das Ergebnis war die Bestätigung seiner zweifelsfreien Echtheit. Die Prüfung erfolgte nach vielen unterschiedlichen Kriterien. Es wurden u. a. eine Materialprüfung (Papier und Tinte) auf seine Herstellungs- und Verwendungszeit und ein kritischer Handschriftenvergleich unter wissenschaftlicher Berücksichtigung der Veränderungen der Handschrift während der Entwicklung vom Kind zum Erwachsenen durchgeführt.

Die Hartnäckigkeit aber, mit der von Zeit zu Zeit immer wieder Gerüchte gegen die Echtheit ins Feld geführt worden sind, unterstreicht die Brisanz und die emotional beschämende Wirkung des Textes. Zur eigenen Entlastung scheinen die Zweifler dem Motto gefolgt zu sein: ...***weil nicht sein kann, was nicht sein darf!***

3.2 Inhaltsangabe

ZUSAMMEN-FASSUNG

Anne Frank erhält im Juni 1942 zu ihrem 13. Geburtstag ein Tagebuch geschenkt. Fortan vertraut sie ihrer fiktiven besten Freundin Kitty in Briefform alle ihre Erlebnisse, Gedanken und Gefühle an. Ihre Eltern sind deutsche Juden, die in die Niederlande emigriert sind; inzwischen ist ihr Fluchtland allerdings von der Wehrmacht besetzt. Um den anlaufenden Deportationen zu entgehen, fassen sie den Entschluss, sich auf unbestimmte Zeit zu verstecken, da sie davon ausgehen müssen, dass sie in den Konzentrationslagern der Nazis der Tod erwartet. Im Juli 1942 erfolgt der Umzug in das ungenutzte Hinterhaus der ehemaligen Firma des Vaters in Amsterdam; vor die Zugangstür wird ein drehbarer Schrank aufgestellt. Fortan lebt die vierköpfige Familie Frank (mit den beiden Töchtern Anne und Margot) zusammen mit der Familie van Daan (ein Sohn, Peter) und (einige Monate später) noch einem achten Untertaucher, dem Zahnarzt Dr. Dussel, heimlich im Hinterhaus. Eine kleine Gruppe von Helfern versorgt die Untergetauchten mit Lebensmitteln und Büchern. Nur abends und am Wochenende können sie auch die vorderen Räume, Büro und Lager, betreten. Anne erzählt Kitty vom Alltag der Hinterhausbewohner auf engstem Raum, ständig in der Angst vor Entdeckung; immer wieder kommt es zu Spannungen und Konflikten. Mehrmals wird ins Vorderhaus eingebrochen. Anfang 1944 verliebt sich die inzwischen 15-jährige Anne Frank in den zwei Jahre älteren Peter van Daan. Die Landung der Alliierten in der Normandie und ihre militärischen Erfolge wecken 1944 die Hoffnung auf ein baldiges

Ende ihrer Leidenszeit. Das Tagebuch endet am 1. August 1944, drei Tage später wurden die Untergetauchten entdeckt und verhaftet.

Wie für ein Tagebuch üblich, sind Annes Aufzeichnungen in Tageseinträge gegliedert; Einteilungen in umfassendere Kapitel oder Abschnitte gibt es nicht. Dennoch ist es möglich, behelfsweise mehrere unterschiedlich umfangreiche Teile zu bestimmen, die sich an signifikanten Veränderungen der Lebensumstände Annes und/oder der Hinterhausbewohner orientieren:

1. TEIL	Vor dem Untertauchen, 12. 6.–5. 7. 1942 (S. 11–31)
2. TEIL	Umzug ins Versteck, 8. 7.–12. 7. 1942 (S. 32–42)
3. TEIL	Ankunft der van Daans, 14. 8.–12. 11. 1942 (S. 42–74)
4. TEIL	Der achte Untertaucher, van Dussel; 17. 11.–22. 12. 1942 (S. 75–87)
5. TEIL	Alltag im Hinterhaus, 13. 1.–30. 12. 1943 (S. 87–157)
6. TEIL	Anne verliebt sich, 2. 1.–6. 3. 1944 (S. 157–202)
7. TEIL	Anne und Peter, 7. 3.–7. 5. 1944 (S. 202–270)
8. TEIL	Endlich Hoffnung, 8. 5.–1. 8. 1944 (S. 271–313)

Bei der Inhaltswiedergabe werden die von Anne Frank in ihren Aufzeichnungen verwendeten Pseudonyme (Decknamen) für ihre Mitbewohner beibehalten.

1. Teil: Vor dem „Untertauchen"; 12. 6.–5. 7. 1942

Das Geschenk

Anne Frank bekommt zu ihrem 13. Geburtstag ein Tagebuch geschenkt, dem sie in Zukunft alles anvertrauen möchte. Sie beschreibt ihre Geburtstagsfeier und ihre Freundinnen und Klassenkameraden auf dem jüdischen Lyzeum. Anne fürchtet, dass sich später niemand, auch sie nicht, für ihre „Herzensergüsse" (S. 18) interessieren wird. Da ihr in ihrem Leben bislang nichts, außer einer wirklich engen Freundin fehlt, beschließt sie, ihre Aufzeichnungen für eine erfundene beste Freundin namens Kitty zu schreiben. Anne erzählt Kitty ihre Lebensgeschichte, die Emigration ihrer Eltern nach Holland, den Besuch des Kindergartens der Montessorischule, die Besetzung des Landes durch die Deutschen sowie die zunehmende Ausgrenzung der Juden in den Niederlanden durch immer neue Bestimmungen („Judenstern", Verbot von Autofahren, Kinobesuchen usw.). Von ihren Lehrern erhält Anne gute Zensuren, auch wenn sie in der Klasse als „Schwatzliese" (S. 25) gilt. Neben anderen Verehrern macht ihr ein ebenfalls aus Deutschland emigrierter, 16-jähriger Junge namens Hello Silberberg den Hof, der aber auch noch mit einem Mädchen namens Ursul befreundet ist, mit dem er nun aber Schluss machen will. Annes Herz gehört eigentlich einem Jungen namens Peter Schiff. Da ihre Eltern befürchten, dass die Nazis auch sie in Kürze deportierten wollen, schmieden sie Pläne, unterzutauchen. Anne erfährt jedoch keine Einzelheiten.

Kitty

Der Plan

2. Teil: Umzug ins Versteck; 8.7.–12.7.1942

Drei Tage später hat sich für Anne die ganze Welt verändert. Da ihre 16-jährige Schwester Margot tatsächlich den befürchteten Aufruf zur Deportation erhalten hat, und zwar früher als erwartet, haben sich ihre Eltern rasch entschlossen, ihr Vorhaben, auf unbestimmte Zeit unterzutauchen, um zehn Tage vorzuziehen. Um nicht aufzufallen, hat die Familie nur wenig Gepäck mitgenommen, was Anne mit Besorgnis registriert; auch vermag sie sich nicht vorzustellen, wo die Familie sich so lange verstecken könnte. Bei dem geheimnisvollen Versteck handelt es sich, wie Anne erst vor Ort erfahren hat, um das ungenutzte Hinterhaus jener Firma, die ihr Vater bis vor

Das Hinterhaus

kurzem noch geleitet hat; Bekannte ihres Vaters (Miep und Jan Gies, Kugler, Kleiman und Bep) wollen ihnen helfen und sie in dieser Zeit mit allem Lebensnotwendigen versorgen. Anne sieht nun staunend, dass ihre Eltern heimlich bereits über Monate hinweg Hausrat und Wäsche dorthin geschafft haben. Die Franks richten sich ein – Anne und ihre Schwester Margot bekommen jeweils eigene Zimmer – und warten auf die Ankunft der befreundeten Familie van Daan, die sich hier ebenfalls vor den Nazis verstecken will. Anne fühlt sich in diesen ersten Tagen, als würde die Familie in einer etwas seltsamen Pension Urlaub machen, und vermutet, in ganz Holland könne man kein so komfortables Versteck finden. In ihrem Zimmer hängt sie ihre Postkarten- und Filmstarsammlung auf; abends, wenn die Arbeiter und Angestellten der Firma gegangen sind, hören die Franks im ehemaligen Büro des Vaters den englischen Sender oder machen Spiele; sie haben große Angst, dass die Nachbarn auf sie aufmerksam werden könnten. Zeit zum Nachdenken ist in diesen ersten Tagen kaum, aber schon jetzt fühlt sich Anne gegenüber ihrer Mutter und ihrer Schwester Margot, die immer wieder einen Grund finden, mit ihr zu schimpfen, fremd.

3. Teil: Ankunft der van Daans, 14.8.–12.11.1942

Anne trägt die Ereignisse der vergangenen Wochen nach. Inzwischen ist die befreundete Familie van Daan ebenfalls im Hinterhaus eingetroffen; ihr 15-jähriger Sohn Peter erscheint Anne als langweilig und schüchtern, registriert sie enttäuscht. Anne und ihre Eltern erfahren von den van Daans, dass man sich in der Nachbarschaft erzählt, die Franks könnten vermutlich nach Belgien oder in die Schweiz geflohen sein, andere wollen wissen, die Franks seien von den Nazis geholt worden. Niemand vermutet sie im Hinterhaus. Dort wird die Zugangstür nun hinter einem drehbaren Schrank versteckt, für den Fall einer Hausdurchsuchung. Das anfängliche Gefühl, eine große Familie zu sein, verschwindet rasch, Anne leidet darunter, wie ein Kind behandelt zu werden, fühlt sich im Hinterhaus oft als Streitobjekt der kleinen Gemeinschaft und muss sich (aus ihrer Sicht ungerechtfertigte) Strafpredigten von ihrer Mutter sowie von den van Daans anhören; nur ihr Vater ist gut zu ihr. Sie klagt Kitty von Streitereien zwischen Herrn und Frau van Daan; ihre Mutter und Frau van Daan streiten darüber, wer welches Geschirr und welche Wäsche benutzen darf. Da Anne in der Schule nicht den Anschluss verlieren will, will sie die Zeit im Hinterhaus nutzen und viel lernen und lesen; vor allem interessiert sie sich für Erwachsenenbücher, die ihr jedoch nur ausnahmsweise gegeben werden. Von den Erwachsenen wird ihr vorgeworfen, zu viel zu schwätzen sowie sich gern als große Dame aufzuspielen; die van Daans behaupten, Anne sei verzogen und verwöhnt, und mischen sich in ihre Erziehung ein. Allein ihr Vater verteidigt sie, während sie sich gegenüber ihrer Mutter und ihrer Schwester mehr denn je fremd fühlt.

Streitereien und Spannungen

Alle gegen Anne

Ausführlich erzählt Anne Kitty vom Alltag im Hinterhaus, etwa davon, wie sich jeder Mitbewohner für das Baden im Waschzuber einen anderen Platz wählt, oder davon, dass alle tagsüber nur flüstern dürfen, damit keiner der Angestellten im Vorderhaus auf sie aufmerksam wird, was gerade Anne schwer fällt. Die Informationen, die sie von ihren Helfern über die Vorgänge draußen erhalten, sind deprimierend: Ihre jüdischen Bekannten werden in Viehwagen in Konzentrationslager deportiert, und der englische Sender berichtet davon, dass die meisten Juden in Polen ermordet werden. Anne denkt über die Feindschaft zwischen Deutschen und Juden nach.

Deprimierende Neuigkeiten

Ein großer Schreck für alle ist es, als am 20. Oktober 1942 im Vorderhaus die Feuerlöscher aufgefüllt werden und die Versteckten plötzlich lautes Klopfen und andere Geräusche an der durch den drehbaren Schrank eigentlich unsichtbaren Zugangstür zum Hinterhaus hören. Die Angst vor Entdeckung erscheint plötzlich

Das Klopfen

übermächtig. Es ist jedoch nur Kleiman, einer ihrer Helfer, der die Tür nicht hat öffnen können.

Anne vertraut Kitty auch an, dass sie wohl bald ihre Periode bekommen werde, und erklärt ihr, wie die beiden Familien von ihren Helfern mittels illegal eingekaufte Lebensmittelkarten mit Nahrungsmitteln versorgt werden. Außerdem soll noch ein achter Mitbewohner im Hinterhaus aufgenommen werden, ein Zahnarzt namens Albert Dussel.

4. Teil: Der achte Untertaucher, van Dussel; 17. 11.–22. 12. 1942

Der neue Zimmergenosse

Als die Helfer van Dussel, der mit einer jüngeren Christin verheiratet ist, zum Versteck bringen, ist dessen Überraschung groß, dort die Familie Frank vorzufinden, die er in Belgien vermutet hat. Van Dussel bewundert den Erfindungsgeist der beiden untergetauchten Familien und fühlt sich rasch heimisch. Anne muss allerdings von nun an ihr Zimmer mit ihm teilen. Anne erklärt ihrem neuen Zimmergenossen, auf was man im Hinterhaus alles achten müsse, um eine Entdeckung zu vermeiden. Van Dussels Erzählungen von den fortgesetzten Deportationen vieler Freunde und Bekannte, über deren Schicksal sich die Hinterhausbewohner keine Illusionen machen, deprimieren alle. Anne fühlt plötzlich Schuldgefühle gegenüber ihren Freundinnen, die vermutlich längst deportiert worden und vielleicht schon tot sind, während sie selbst in einem warmen Bett liegt. Die gute Laune im Hinterhaus ist zunächst verflogen, Niedergeschlagenheit macht sich breit; Anne fühlt sich einsamer denn je.

Schuldgefühle

Ende November müssen die Hinterhausbewohner tagelang auf künstliches Licht verzichten, da die Elektrizitätsration überschritten worden ist. Anne beobachtet mit dem Fernglas, was es in den beleuchteten Zimmern der Nachbarn zu sehen gibt. Bereits nach wenigen Tagen entpuppt sich ihr neuer Zimmergenosse als altmodischer Erzieher, der sie bei ihrer Mutter verpetzt. Anne fühlt sich als „der unerzogene Mittelpunkt einer Versteckerfamilie (...), bei der sich jeder ständig in alles einmischt." (S. 81) Für Abwechslung sorgen das Nikolaus- und Chanukkafest, eine illegal gekaufte Fleischlieferung, die die Hinterhausbewohner unter Herrn van Daans Leitung zu Wurst verarbeiten, sowie die erste von van Dussel durchgeführte Zahnbehandlung (an Frau van Daan).

„Der unerzogene Mittelpunkt"

5. Teil: Alltag im Hinterhaus, 13.1.–30.12.1943

Anne erzählt Kitty, wie sehr es sie bedrückt, dass, während draußen Menschen verschleppt werden, nachts Hunderte von Bombenflugzeuge über die Niederlande nach Deutschland fliegen und auf der ganzen Welt Krieg herrscht, sie ruhig Hinterhaus sitzen, über die Zeit nach dem Krieg nachdenken und gemütlich ihre Ersparnisse aufessen. In ihren Tagebucheinträgen lässt sie ihrer Wut auf ihre Mutter freien Lauf, weil diese ständig an ihr herummeckert; Anne wird beispielsweise vorgeworfen, faul, egoistisch oder berechnend zu sein und überhaupt ein „unausstehlicher Fratz" (S. 89). Sie lässt sich nichts anmerken, schreibt sie Kitty, brodelt aber innerlich vor „Hass" (S. 90).

Ein bedrückender Gegensatz

Für Aufregung sorgt eine Besichtigung des Hauses durch den neuen Hauseigentümer mit einem Architekten (das Haus ist vom bisherigen Eigentümer überraschend verkauft worden); die Hinterhausbewohner haben jedoch Glück, dass sich der neue Eigentümer von Herrn Kleimans Auskunft, den Schlüssel für das Hinterhaus vergessen zu haben, zufriedengibt. Ein weiterer neuer Unsicherheitsfaktor ist ein neu eingestellter Lagerarbeiter. Vermeintliche Schritte von Dieben auf dem Dachboden, die alle in Angst und Schrecken versetzen, erweisen sich als Ratten; nun werden die beiden Hinterhauskatzen Mouschi und Moffi hoch gelassen.

Ein neuer Hauseigentümer

Ein Einbruchsversuch?

Anne ärgert sich über van Dussel, weil dieser immer unvorsichtiger wird, sich nicht an die Versteckregeln hält und mit Leuten draußen korrespondiert. Am 25. März 1943 kommt es in der Nacht möglicherweise zu einem Einbruchsversuch, da Lärm im Lager zu hören ist; alle haben große Angst. Wenige Wochen später sorgen sich die Hinterhausbewohner um ihre Helfer, da die meisten mit gesundheitlichen Problemen zu kämpfen haben. Während draußen die holländischen Arbeiter streiken und dafür von den deutschen Besatzern streng bestraft werden, verschlechtern sich im Hinterhaus die Lebensumstände; Anne fällt auf, wie heruntergekommen inzwischen die Kleidung der Bewohner ist. Luftgefechte, Bombenalarm und nächtliches Maschinengewehrfeuer sind mittlerweile die Regel, zur Angst vor Entdeckung kommt die Sorge, ein Feuer könnte ausbrechen und die Hinterhausbewohner dazu zwingen, ihr Versteck zu verlassen.

Lesen (Miep bringt regelmäßig neue Bücher aus der Bibliothek ins Hinterhaus) und Radio hören gehören zu den wichtigsten Ablenkungen; Neuigkeiten vom Kriegsverlauf werden ausführlich diskutiert.

Wieder ein Einbruch

Am 16. Juli 1943 wird im Vorderhaus eingebrochen, Geldkassetten, Scheckbücher und Lebensmittelmarken für die Zuckerzuteilung werden gestohlen. Anne merkt, dass die mangelnde Bewegung allmählich zu körperlichen Beschwerden führt; auch haben die Katzen Flöhe ins Haus geschleppt. Ihr Verhältnis zu ihrer Mutter und van Dussel ist nicht besser geworden. Am 4. August 1943 jährt sich erstmals ihr Aufenthalt im Hinterhaus; Anne beschreibt Kitty aus diesem Anlass den normalen Tagesablauf im Hinterhaus, die Stunden, in denen sie sorglos das ansonsten verlassene Vorderhaus betreten dürfen, und die Stunden, in denen sie jedes laute Geräusch vermeiden müssen. Anne erzählt von den üblichen Reibereien und Streitereien am Mittagstisch, beschreibt Essgewohnheiten sowie

Alltag im Hinterhaus

die gegenseitigen Rücksichtslosigkeiten der Erwachsenen untereinander. Anfang August berichtet Anne, inzwischen auch literarische Texte zu schreiben, die sie als ihre „Federkinder" (S. 127) bezeichnet. Gegen Anfälle von Angst und Depression nimmt sie Baldriantabletten; ein misstrauisch gewordener Lagermitarbeiter namens van Maaren beunruhigt sie. Zwischen Herrn und Frau van Daan kommt es zu Auseinandersetzungen, weil ihre Ersparnisse zur Neige gehen und Frau van Daan ihren Pelzmantel versetzen soll.

„Federkinder"

Anne reflektiert einmal mehr ihre Beziehung zu ihrer Schwester und ihrer Mutter. Sie fühlt sich als „der Clown und der Taugenichts der Familie" (S. 142), der für alles doppelt büßen muss, erst durch die Standpauke, dann durch ihre Verzweiflung. Ihr einziger Halt ist ihr Vater. Anne gesteht ihr Leiden an ihrer Mutter, die für sie aufgrund ihrer Mängel keine wirkliche Mutter ist; deshalb müsse sie sich selbst eine Mutter sein. Anne fühlt sich immer noch wie ein Kind behandelt und nicht ernst genommen; sie fragt sich, wer je außer ihr ihr Tagebuch lesen wird.

Anne und ihre Mutter

Anne registriert besorgt, dass die Erwachsenen immer unvorsichtiger werden. Anfang November bemerkt Anne starke Stimmungsschwankungen an sich und den anderen; jedes Klingeln löst Panikattacken und Albtraumvorstellungen von Gestapo-Leuten vor der Tür aus. Die meisten ihrer Helfer sind wieder erkrankt; der Krieg kommt nicht voran. Anne sehnt sich nach Freiheit und frischer Luft und träumt davon, für ihre Kinder einmal die Mutter zu sein, die sie selbst nie gehabt hat. Dass sie so oft Angst hat und von den schlimmsten Dingen träumt, empfindet Anne als mangelndes Gottvertrauen; sie wirft sich vor, selbstsüchtig und feige zu sein.

Emotionales Auf und Ab

6. Teil: Anne verliebt sich, 2. 1.–6. 3. 1944

Die Mängel ihrer Mutter

Auch zu Beginn des Jahres 1944 denkt Anne viel über sich und ihr Verhältnis zu ihrer Mutter nach. Beim Wiederlesen alter Tagebucheinträge erschrickt sie über ihre Wut und ihren Hass auf ihre Mutter. Anne wünscht sich eine Mutter, die sich vor allem durch Takt und Rücksichtnahme gegenüber ihren heranwachsenden Kindern auszeichnet. Vor allem der mangelnde Respekt ihrer Mutter im Umgang mit Schamgefühlen und Annes körperlichen Veränderungen infolge der Pubertät belasten sie, sie glaubt aber, nun besser damit klar zukommen.

Der eigene, erwachsen werdende Körper und die durch ihn bewirkten Wünsche und Sehnsüchte beschäftigen Anne immer mehr. Ihr Bedürfnis nach einem Gesprächspartner richtet sich nun auf Peter van Daan; sie fürchtet aber, dass er sie langweilig findet. Am

Der Traum

6. Januar 1944 hat Anne einen Traum, der sie sehr beschäftigt: Im Traum begegnet sie auf eine zärtlich-freundschaftliche Weise ihrer

Sehnsucht nach Peter Schiff

ersten Liebe, Peter Schiff, wieder. Der Traum ist ein Anlass, Kitty „die Geschichte meiner großen Liebe" (S. 163) zu erzählen; es war eine einen Sommer lang andauernde „heftige[] Kinderverliebtheit" (S. 163). Der Traum und die Erinnerung lösen eine große Sehnsucht nach Peter Schiff aus. Vor dem Spiegel bemerkt Anne, dass sich ihr Gesichtsausdruck verändert hat, ihre Wangen sind mit einem Mal rosig gefärbt, auch ihr Mund erscheint weicher; sie gesteht sich ein, starke, bislang unterdrückte Liebesgefühle für Peter Schiff zu empfinden.

Anne wird reifer

Einige Tage später stellt Anne fest, dass sich ihr Verhältnis zu ihrer Schwester Margot gebessert hat. Sie vermag ihre eigenen früheren Tagebucheinträge distanziert, wie die Aufzeichnungen einer Fremden, zu lesen. Die ständigen Streitereien im Hinterhaus stoßen sie ab, sie empfindet ihre erwachsenen Mitbewohner als egoistisch.

Ihr Traum von Peter Schiff hat Anne verändert, wie sie findet; sie kommt sich selbst nun reifer und erwachsener vor. Sie nimmt sich vor, ihre Mitbewohner noch einmal wie mit neuen Augen zu beobachten, ihre bisherigen Urteile auf den Prüfstand zu stellen. Ein sich zufällig ergebendes Gespräch über das Geschlecht der Katze Moffi, bei dem Peter van Daan ihr die männlichen Geschlechtsorgane der Katze zeigt, wühlt Anne auf; sie ist überrascht, wie ungezwungen sie mit Peter über dieses Thema sprechen konnte.

Peter erscheint in neuem Licht

Zu ihren Lieblingsbeschäftigungen in dieser Zeit gehören die Stammbäume königlicher Familien sowie ihre Filmstarsammlung. Ihre Helfer erscheinen Anne als selbstlose, noble Menschen; sie weiß, dass sich dank solcher Menschen noch viele andere Juden in den Niederlanden verstecken können. Im Hinterhaus wartet man ungeduldig auf die bevorstehende Invasion der Alliierten und rätselt, an welcher Stelle die Landung stattfinden wird; die politischen Diskussionen drehen sich um mögliche Reaktionen der Deutschen, den weiteren Kriegsverlauf sowie den sich vollziehenden Massenmord an den europäischen Juden in Polen.

Stammbäume und Filmstars

Am 14. Februar berichtet Anne Kitty von einer großen Veränderung in ihrem Leben: Sie hat sich in Peter van Daan verliebt. Die Indizien (schöne Gefühle beim Austausch von Blicken, ihr Gefühl von Verlegenheit, wenn sie mit ihm spricht) sind eindeutig. Die Gespräche zu zweit oder zu dritt (mit ihrer Schwester Margot) auf dem Dachboden werden mehr und mehr zu den Höhepunkten des Tages. Anne denkt viel über Peter nach, dem sie Minderwertigkeitskomplexe unterstellt, und hofft, mehr Zeit mit ihm allein verbringen zu können.

Eine große Veränderung

Das Leben im Hinterhaus erscheint ihr plötzlich in einem viel freundlicheren Licht, mit einem Mal ist ihr Leben wieder sinnvoll, und sie hat etwas, auf das sie sich freuen kann. Auf dem Dachboden vertrauen sich Anne und Peter ihre Sehnsüchte, etwa nach Natur

Das Glück auf dem Dachboden

an. Anne fühlt, wie in ihrem Kopf Peter Schiff und Peter van Daan zu einer Person verschmelzen.

Unterbrochen wird Annes Glück, als es erneut zu einem Einbruch kommt; im Büro entdecken die Hinterhausbewohner ein großes Durcheinander; offenbar hat der Dieb einen Schlüssel besessen. Der Einbruch bereitet allen große Sorgen.

Liebe ohne Sex?

Das Thema Sexualität, ihr Bedürfnis nach körperlicher Nähe, wird für Anne immer präsenter. Sie ärgert sich über die ständige Besserwisserei der Erwachsenen und findet, dass sie selbst in Sachen Liebe und Sexualität fortschrittlich-moderne Ansichten hat. Eine Liebe ohne Sex wäre für Anne auf Dauer keine richtige Liebe, stellt sie fest. Ihre Gespräche mit Peter sind bislang jedoch noch von seiner Schüchternheit und seinen Hemmungen, von sich selbst zu sprechen, geprägt. Sie kann kaum noch von etwas anderem schreiben als von Peter, entschuldigt sich Anne bei Kitty. Inzwischen fällt auch den anderen Hinterhausbewohnern auf, dass sie und Peter so viel Zeit alleine miteinander auf dem Dachboden verbringen.

7. Teil: Anne und Peter, 7. 3.–7. 5. 1944

Die alte Anne Frank

Ihr Leben vor der Zeit im Hinterhaus erscheint Anne im Rückblick wie ein „Götterleben“ (S. 202) – sie umgeben von Verehrern und Freundinnen, der Liebling ihrer Lehrer und verwöhnt von den Eltern. Diese Anne Frank erscheint ihr jetzt als ein nettes, aber oberflächliches Mädchen, mit dem sie nicht mehr viel zu tun hat. Die Zeit, in der sie ihre innere Leere mit Witzen zu überspielen versucht hat, ist für sie unwiderruflich vorbei. Anne erkennt, wie sehr sie sich im Hinterhaus an die veränderte Situation hat anpassen müssen und sie sich in sich selbst zurückgezogen hat, mit ihrem Vater als dem einzigen, dem sie sich zumindest etwas anvertrauen hat können.

Sorgen bereiten erneut Erkrankungen bei ihren Helfern, die Verhaftung eines Lebensmittellieferanten sowie ein mysteriöses Klopfen an der Wand.

Zwischen Gefühl und Verstand

Ihre Beziehung zu Peter wirft für Anne einige Fragen auf, sie ist unsicher, ob sie ihm nicht auf die Nerven geht, schwankt zwischen Sehnsucht und der Angst, ihm lästig zu werden. Sie fühlt sich hin und her gerissen zwischen ihren Gefühlen der Sehnsucht und ihrem Verstand und kann sich nur schwer beherrschen, Peter nicht ihre Liebe zu zeigen. Zugleich ist sie sich nicht sicher, was er eigentlich über sie denkt. Das Gefühl der Kontrolle und Bevormundung durch die Erwachsenen hält weiter an; Anne sehnt sich nach der Möglichkeit, wirklich allein zu sein. Sie fühlt sich längst nicht mehr wie ein Kind, aber noch immer wie ein solches behandelt.

Die Sorge, Margot könnte auf ihre intimer werdende Freundschaft mit Peter eifersüchtig sein, stellt sich rasch als unbegründet heraus. Mit Peter spricht Anne inzwischen auch schon über sexuelle Fragen wie Verhütungsmittel und entdeckt auf neue Weise ihren Körper. Außerdem schmiedet sie Zukunftspläne, sie weiß, dass sie auch nach dem Krieg schreiben will.

Die Radioansprache

Die Gespräche im Hinterhaus schwanken weiterhin zwischen Optimismus und Pessimismus, was den Fortgang des Krieges und die ausstehende Invasion betrifft. Einer Radioansprache des niederländischen Ministers Bolkestein bringt Anne auf die Idee, dass auch ihre Tagebuchaufzeichnungen nach dem Krieg einmal ein wichtiges Dokument sein könnten. Die Stimmung in der holländischen Bevölkerung verschlechtert sich zusehends, die Menschen haben Hunger; Einbrüche und Diebstähle sind an der Tagesordnung.

Sehnsucht nach dem ersten Kuss

Anne sehnt sich derweil nach einem ersten Kuss von Peter und danach, ihren Kopf an seine Schulter zu legen. Dass sie immer zu ihm hinaufsteigen muss und er aufgrund der Zimmeraufteilung nicht auch einmal zu ihr herunterkommen kann, missfällt ihr. Auch schmiedet sie weiter Zukunftspläne: Sie möchte Journalistin oder Schriftstellerin werden und weiß, dass sie mit ihrem Schreiben ein Talent hat, dass sie von Frauen wie ihrer Mutter oder Frau van Daan unterscheidet, deren Leben sie nicht wiederholen will.

Wieder ein Einbruch

Wieder wird versucht, ins Lager einzubrechen, offenbar wurden die Einbrecher jedoch gestört. Ein aufmerksamer Bekannter erzählt einem der Helfer, zufällig vorbeigekommen zu sein, er glaubt, die Diebe mit seiner Taschenlampe verscheucht zu haben, und habe absichtlich nicht die Polizei gerufen, da er offenbar vermutet, in dem Haus würden sich Juden versteckt halten. Die Hinterhausbewohner nehmen den Vorfall zum Anlass, wieder mehr auf Sicherheit zu achten und vorsichtiger zu werden. Anne gesteht Kitty ihre Ängste in der Nacht des Einbruchsversuchs.

Bald darauf kommt es endlich zum ersehnten ersten Kuss. Annes Glück scheint vollkommen – bis sie sich plötzlich Sorgen macht, was ihre Eltern wohl sagen würden, wenn sie wüssten, wie nahe sie und Peter sich bereits sind. Auch ist sie sich nicht sicher, wie weit sie seinem und ihrem Bedürfnis nach Zärtlichkeit nachgeben soll. Peter, obwohl der ältere, erscheint ihr als weniger reif; auch stört es sie, dass er wenig Selbstbewusstsein und Willensstärke zeigt.

Streit mit Vater

Endlich sucht sie doch das Gespräch mit ihrem Vater, der sie prompt bittet, sich zurückzuhalten. Seine Ermahnungen einige Tage später, mit der „Knutscherei“ (S. 267) aufzuhören, führt zu einem wütenden Brief Annes an ihren Vater, in dem sie ihm deutlich machen möchte, inzwischen alt genug zu sein und selbst für sich und ihre Handlungen die Verantwortung übernehmen zu können. Sie schreibt ihm, wie schwer die Zeit im Hinterhaus für sie gewesen ist und dass sie innerlich viel reifer geworden ist, als er glaubt. Ihr Vater fühlt sich durch Annes Vorhaltungen sehr verletzt, er wirft ihr vor, ungerecht und verantwortungslos zu sein. Nun hat Anne ein schlechtes Gewissen und fühlt sich schuldig.

8. Teil: Endlich Hoffnung, 8.5.–1.8.1944

Die Idee zu einem Hinterhaus-Buch

Anne beschäftigt sich nun wieder verstärkt mit dem Schreiben von Geschichten, liest viel in Geschichtsbüchern, interessiert sich für Mythologie und träumt davon, später eine Schriftstellerin zu werden. Ihr kommt die Idee, ein Buch mit dem Titel „Das Hinterhaus" herauszugeben, ihr Tagebuch soll ihr dafür als Grundlage dienen. Sie beschreibt die abendlichen Gespräche zwischen den Hinterhausbewohnern, ihre unterschiedlichen Interessen und Lektüren.

Zwischen ihr und Peter besteht weiterhin eine Freundschaft, aber ihre Liebesgefühle sind inzwischen deutlich abgekühlt. Peter hätte gerne weiterhin die körperliche Nähe, doch Anne merkt, dass sie ihr Inneres ihm gegenüber wieder verschlossen hat.

Die Stimmung in der Bevölkerung

In den Niederlanden schlägt die Stimmung in der Zwischenzeit um, das Leiden der Bevölkerung führt dazu, dass Antisemitismus aufkommt. Einer ihrer Gemüsehändler wird verhaftet, weil er selbst Juden versteckt gehalten hat. Im Hinterhaus ist man deprimiert, dass die Invasion ausbleibt; Anne empfindet darüber hinaus Enttäuschung wegen Peter, weil sie erkennt, dass er nicht ihren Erwartungen entsprechen kann. Immer wieder kommt es zwischen den Hinterhausbewohnern zu Streitereien über das Essen.

Endlich: die Invasion!

Am 6. Juni 1944 herrscht große Freude, weil endlich die Invasion begonnen hat. Die erfolgreiche Landung der Alliierten in der Normandie weckt neue Hoffnungen, dass der Krieg bald vorbei sein wird. Die Nachrichten über den Fortgang der Invasion beherrschen nun die Gespräche.

Ernüchterung

Anne denkt nun mit einigem Abstand über Peter und ihr Verlangen nach, dass sie jetzt als übertrieben empfindet. Sie sieht nun deutlich, wie unterschiedlich sie beide sind; so kann Peter beispielsweise nichts mit Gott und Religion anfangen, was Anne nicht verstehen kann. Der Anblick eines Stückchens vom Himmel von einem Dachbodenfenster aus beschert ihr Glücksgefühle, sie empfindet große Sehnsucht nach der Natur. Auch das ungleiche Verhältnis von Mann und Frau in der Gesellschaft ist für Anne ein Anlass zum Nachdenken. Peter verrät ihr, später einmal ein Verbrecher oder Spekulant werden zu wollen, was Anne verstimmt zur Kenntnis nimmt; sie hofft, ihn dazu zu bringen, an sich selbst zu glauben.

Sorglosigkeit

Die Hinterhausbewohner werden wieder unvorsichtiger, findet Anne. Dass die Versteckregeln kaum noch eingehalten werden, bereitet ihr Sorgen. Beim Nachdenken über sich selbst fällt ihr auf, wie stark ihr Wille zur Selbsterkenntnis und Selbsterziehung sowie ihr Bedürfnis nach Eigenständigkeit ist. Peter erscheint ihr inzwischen als ein lieber, aber letztlich doch oberflächlicher Junge, der sich an ihr und ihrer Liebe festklammert, während Anne längst erkannt hat, dass er nicht ihren Wünschen und Bedürfnissen entspricht.

Noch ein Hoffnungsschimmer

Am 21. Juli 1944 ist die Freude groß, als die Nachricht vom gescheiterten Anschlag auf Hitler und den putschenden deutschen Offizieren bekannt wird. Die Hinterhausbewohner glauben, dass der Krieg nun wirklich bald vorbei sein wird. Annes letzter Brief an Kitty ist ihrem widersprüchlichen Charakter gewidmet, dem Gegensatz zwischen einem fröhlichen Ich, das gerne den oberflächlichen Clown spielt und gemocht werden will, und einem verborgenen, das still und ernst ist und von den anderen nur schwer erkannt wird, sie findet für diesen inneren Gegensatz die Formel „ein Bündelchen Widerspruch“ (S. 311).

3.3 Aufbau

ZUSAMMEN-FASSUNG

Wie für die Gattung des Tagebuchs typisch, folgt Anne Franks Tagebuch keinem geplanten ästhetischen Aufbau. Eine Unterteilung der Einträge, die sich an Veränderungen der äußeren oder inneren Lebensumstände Annes orientiert, wurde in Kap. 3.2 vorgeschlagen. Daneben kann sich eine Untersuchung des Aufbaus jenen Aspekten widmen, zu denen die Tagebuchschreiberin immer wieder zurückkehrt. Der Alltag im Hinterhaus stellt dabei einen übergeordneten Aspekt dar. Das, was ihn auf Grund der sozialen, wirtschaftlichen und politischen Lage bestimmt und von Anne Frank immer wieder aufgegriffen wird, soll in gegliederten Zusammenfassungen untersucht werden. Die Daten am Ende jeder Darstellung bezeichnen die Fundstellen im Tagebuch. Als wiederkehrende Aspekte lassen sich folgende Themenkreise bestimmen:

- → Annes Verhältnis zu ihrer Familie
- → Der mühsame Alltag der Hinterhausbewohner
- → Annes Verhältnis zu Peter van Daan
- → Annes Echo auf das Schicksal der Juden
- → Annes Echo auf den Kriegsverlauf
- → Urteile über die Helfer

Annes Verhältnis zu ihrer Familie

Verhältnis zum Vater

Mit Anne im Versteck leben ihre Mutter, Edith Frank-Holländer, ihr Vater Otto Frank und ihre Schwester Margot. Das Verhältnis zu ihrem **Vater** ist durchgängig gut. Es ist geprägt von Liebe und Anerkennung. Sie nennt ihn einerseits bei seinem Kosenamen „Pim“, andererseits betont sie, dass sie ihn als großes Vorbild betrachtet.

In Situationen, in denen sie sich nicht allein behaupten kann, vertraut sie auf seine Hilfe. So wendet sie sich an ihn, als sie sich gegen Dussel wegen der Tischbenutzung an zwei Nachmittagen in der Woche zunächst nicht durchsetzen kann (vgl. S. 114–116). Während sie sich im ersten Jahr des Verstecktseins (1942) noch relativ kindlich an ihn bindet, lockert sich die Bindung im Jahr darauf, als sie eine erotische Beziehung zu Peter van Daan sucht. Weil sie sich an die geltenden gesellschaftlichen Spielregeln hält, nach denen der Vater die unbestrittene Familienautorität innehat, möchte sie keine Heimlichkeiten, sondern sucht sein Einverständnis zu ihrer Bindung an Peter. Der Wunsch des Vaters, die Zweisamkeit mit ihm in dessen Verschlag auf dem Dachboden einzuschränken und Peter mehr als „Kameraden" zu betrachten, fordert zunächst ihren heftigen inneren Widerstand heraus. Sie besteht auf Selbstbestimmung und will den Vater nicht in ihre Entscheidungen hineinregieren lassen. Ihre Argumentation stützt sie auf das gegenseitige Versprechen des Vertrauens aufeinander. Dies könne aber nur dann unter Beweis gestellt werden, wenn ihr auch eine Chance eingeräumt würde, sich dieses Vertrauens als würdig zu erweisen.

Unstimmigkeiten wegen ihrer Liebe zu Peter

Versuch einer Loslösung von den Eltern

Am 5. Mai 1944 schreibt sie ihrem Vater einen mit Vorwürfen gespickten Brief und stellt sich als reif genug für eine Loslösung von den Eltern dar. Sie löst damit ein Gespräch mit ihm aus, in dem der Vater ihr ihr ungerechtfertigtes Verhalten vor Augen führt. Anne ist beschämt und einsichtig. Sie erkennt die Härte und Übertriebenheit ihrer Haltung gegen den Vater und beschließt, ihn wieder zum Vorbild zu nehmen. Dies gelingt in dem Maße, wie sie im Sommer 1944 eine distanziertere Haltung zu Peter van Daan gewinnt. Sie beklagt aber letztendlich doch, dass sie zum Vater kein wirkliches Vertrauensverhältnis hat aufbauen können. Er könne, so glaubt sie, nicht „als Freund der Jugend" ihre Lage miterleben, sie lässt ihn deshalb auch nicht an ihrer Empfindungs- und Gedankenwelt teilnehmen.

→ vgl. Tagebuch: 3.10., 7.11.1942; 13.7.1943; 2.5., 5.5., 7.5., 15.7.1944

Verhältnis zur Mutter

Im Vergleich zum Vater hat Anne zu ihrer **Mutter** ein **katastrophales Verhältnis**. Anne wirft ihr vor, Margot vorzuziehen und sie selbst als eine Fremde zu betrachten, für die man nichts als Vorwürfe übrig hat. Die Wesensverwandtschaft Margots mit der Mutter erleichtert den Umgang der beiden miteinander. In der Rückschau führt Anne eine seelische „Wunde" ins Feld, die ihr von der Mutter zugefügt worden sei, als sie sich noch frei bewegen konnten. Damals hatte Anne die beiden mit dem Fahrrad zum Zahnarzt begleitet, danach aber hatte ihre Mutter ihr wegen des Fahrrads untersagt, sie und Margot in die Stadt zu begleiten. Die **Bevorzugung Margots** findet Anne im Versteck unablässig bestätigt. Ungeschicklichkeiten Margots werden ihrer Ansicht nach übersehen, während sie sich selbst ständig durch Standpauken der Mutter belästigt glaubt.

Annes Verachtung für ihre Mutter

Dem Tagebuch vertraut Anne ihren Kummer an. Sie glaubt, nicht zu ihrer Familie, die insgesamt gefühlvoll und harmonisch miteinander umgeht, zu passen. Versuche, ihre Kritik an der Mutter mit dem Vater zu besprechen, scheitern, weil der Vater grundsätzlich nicht über die Mutter reden möchte. Ihre niedergeschriebenen Reaktionen fallen überaus heftig aus. Sie kann ihre Mutter „nicht ausstehen", möchte sie am liebsten „anschnauzen" und ihr einmal sogar „ins Gesicht schlagen". Sie wirft ihrer Mutter **Schlampigkeit, Sarkasmus und Härte** vor, auch ihr Verhalten gegenüber Frau van Daan ist Gegenstand ihrer Kritik: Sie putzt und räumt auf, während Frau van Daan kocht. Liebe empfindet sie für ihre Mutter nicht, sie ist ihr auch kein Vorbild, weil sie ganz und gar nicht ihren Vorstellungen von einer Mutter entspricht. Eine richtige Mutter ist eine „Mams".

Anne aber nennt sie „Mans", eine Verkürzung von „Mansa". Sie glaubt mit dieser Veränderung des „m" auf „n" das Unvollkommene an ihrer Mutter zum Ausdruck zu bringen. **Unvollkommen** ist die Mutter in ihren Augen, weil sie taktlos mit ihr umgeht, wohl auch dort lacht, wo Anne weint. Anne macht aus ihrer Zurückweisung der Mutter kein Geheimnis. Sie verweigert sich offen, als die Mutter anstelle des Vaters mit ihr das Gebet sprechen will. Auch ist sie nicht bereit, sich für ein solches Verhalten zu entschuldigen, weil es der Wahrheit entspreche.

→ vgl. Tagebuch: 2. 4., 12. 7., 27. 9., 3. 10., 7. 11. 1942; 24. 12. 1943; 6. 1., 18. 2. 1944

Verhältnis zur Schwester Margot

Die Beziehung zu ihrer **Schwester** Margot verändert sich im Laufe der Zeit im Versteck. Die 13-jährige Anne bekennt noch: „Mit Margot verstehe ich mich nicht sehr gut" und wiederholt den Vorwurf, dass Margot auf Grund ihrer anderen Natur ihr vorgezogen werde. Anne macht dies beispielsweise daran fest, dass ihr untersagt wird, in dem Buch, das Margot gerade liest, herumzuschmökern. Margot findet sie voll „gereizter Launen". Der Neid auf die väterliche Zuwendung zu Margot ist unverkennbar, sie wird von den Eltern als die „Klügste, Liebste, Schönste und Beste" eingeschätzt. 1944 aber verändert sich ihr Verhältnis zu Margot im Sinne einer wachsenden Freundschaft. Sie empfindet Margot als lieb, nicht mehr als schnippisch, und nennt sie nun eine wirkliche Freundin. Als sich Anne um Peter van Daans Gunst bemüht, glaubt sie zunächst, damit Margot in die Quere zu kommen. Sie sucht durch einen Briefwechsel, das Verhältnis ihrer Schwester zu Peter auszuloten. Margot gesteht ihr den Vorrang ohne Zögern zu, was Anne als „Güte" auslegt. Das geschwisterliche Verhältnis muss sich in der Zeit nach der Entdeckung, vor allem in den Lagern Auschwitz und Bergen-Belsen, sehr eng gestaltet haben. Eine Augenzeugin aus dem Lager äußer-

te nach ihrer Befreiung Ernst Schnabel gegenüber, dass Anne „am Tod ihrer Schwester gestorben“ sei. „Es lässt sich schrecklich leicht sterben, wenn man allein im KZ ist.“[19]
→ vgl. Tagebuch: 27. 9., 7. 11. 1942; 12. 1., 19. 3., 20. 3., 22. 3. 1944

Verhältnis zur Großmutter

Anne hat in der Rückschau zu ihrer **Großmutter** Rosa Stern-Holländer aus Aachen ein sehr inniges kindliches Verhältnis gehabt. Die Großmutter hat von März 1939 bis Januar 1942 im Haushalt der Franks in Amsterdam gelebt und ist dort verstorben. Anne hebt ihre Liebe, ihr Interesse an der Familie und ihre Tapferkeit in ihrer schweren Krankheit hervor.
→ vgl. Tagebuch: 29. 12. 1943

Der mühsame Alltag der Versteckten im Hinterhaus

Ständige Vorsicht

Es ist alles anders als im normalen Leben, äußert Anne wiederholt in ihrem Tagebuch. Sie bezieht sich vor allem auf den **Alltag der acht im Versteck lebenden Personen**. Die Familien bewohnen je ein Zimmer im Hinterhaus Prinsengracht 263. Margot schläft im Zimmer der Eltern, Anne teilt ihr Zimmer mit dem Zahnarzt Fritz Pfeffer, (Herr) „Dussel“ genannt, und Peter bewohnt einen Verschlag auf dem Oberboden. **Tagsüber** ist besondere Vorsicht geboten, die Wohnung kann von niemandem verlassen werden. Jeder muss sich sehr leise und unauffällig verhalten. Fenster dürfen nicht geöffnet werden, Veränderungen, die von außen wahrgenommen werden könnten, müssen unterbleiben. Anfallende Küchenabfälle werden zum Beispiel zu jeder Jahreszeit im Herd verbrannt. Wenn man sich vorstellt, dass es sich um die Versorgung von acht Personen handelt, so gewinnt man einen Einblick in die Mühsal einer derart eingeschränkten **Haushaltsführung**. Sie wird von den beiden

19 Schnabel, S. 153.

Frauen verantwortet, was Anne Anlass zur Kritik an ihrer Mutter gibt, die nach ihrer Ansicht die Rolle der Hausfrau nicht wirklich ausfüllt (9. 8. 1943). **Allen fallen Aufgaben zu.** Kartoffelschälen ist Sache der Gemeinschaft. Die sich in dieser Runde ergebenden, von Anne aufgezeichneten Gespräche zeigen die individuellen Unterschiede, besonders in den Einschätzungen der politischen Lage. Sie lösen **Meinungsverschiedenheiten und Streitigkeiten** aus (10. 8. 1943). Der Abwasch nach den Mahlzeiten ist in der Regel Annes und Margots Aufgabe. Geputzt, gewaschen und geschrubbt wird unter Beteiligung aller am Sonntag, wenn sich niemand in den umliegenden Büro- und Lagerhäusern befindet. Teilarbeiten, die im Büro anfallen, werden miterledigt. Hier ist Margot offensichtlich eine gewissenhafte und verantwortungsvolle Hilfe, sobald die von Anne als **„Abendfreiheit"** bezeichnete Zeit gekommen ist (10. 8. 1943). Von halb sechs bis halb neun können sich die Bewohner des Hinterhauses relativ frei in den unteren Büroräumen und in den Lagerräumen bewegen. Sie müssen jedoch sehr darauf achten, dass sie von außen nicht gesehen werden. Abstand von den Fenstern ist stets angesagt. In dieser Zeit kann endlich auch Wasser entnommen und die Wasserspülung benutzt werden. Punkt neun Uhr jedoch ist die Freiheit beendet. Dann muss es wieder sehr leise zugehen. Der Rückzug in die Zimmer beginnt, still sucht sich jeder seine Beschäftigung bis zum Schlafengehen.

„Abendfreiheit"

Mängel und Probleme stellen sich laufend ein. Sie reichen von der verstopften Toilette über das Fehlen einer Brille gegen Annes Kurzsichtigkeit (11. 7. 1943) und passender Kleidung für das heranwachsende Mädchen bis zu Flöhen, die die Lagerkatzen übertragen, und zu Ratten auf dem Dachboden (10. 3. 1943).

Versorgung durch Helfer

Die **Versorgung** ist weitgehend abhängig von den Helfern. Miep Gies und Bep Voskuijl versuchen, die kurzfristigen Aufträge und Wünsche der Versteckten nach Möglichkeit zu erfüllen. So berichtet

Anne von außergewöhnlich schönen roten Schuhen mit Blockabsatz, die an ihren Füßen „prangen", weil Miep sie für 27.50 Gulden „ergattert" hat (10. 8. 1943). Jahreszeitlich bedingt gelingt das Heranschaffen größerer Mengen von Nahrungsmitteln. Das kurzfristige Verwerten von Bohnen, Erdbeeren, Endiviengemüse und in einem Fall auch von Fleisch schildert Anne lebhaft in ihrem Tagebuch.

Angst und Depression

Gab ihr *Prospekt und Leitfaden vom Hinterhaus* (17. 9. 1942) noch Einblick in ein mit Humor und Witz ausgestattetes und im Ganzen noch fröhliches Kind, so wird der Ton ihrer Darstellung nach gut einem Jahr im Hinterhaus ernsthafter und zuweilen auch verzweifelter. Am 16. September 1943 hält sie fest: „Hier wird das Verhältnis untereinander immer schlechter, je länger es dauert." Anne spricht von Angst und Depressionen, von „Dramen", die sich unter den Bewohnern abspielen. Die Dauer des Krieges und der deutschen Besatzung hat zu vielen **Versorgungsengpässen** geführt. Frau van Daan und ihre Mutter sind sich immer weniger einig. Ging es zunächst um Wäsche und Geschirr (2. 9. 1942), so geht es später um Essensrationen und das Teilen von Vorräten (30. 12. 1943; 15. 1. 1944). Deren Bilanz, die am 2. Februar 1944 anlässlich des Gedankens gezogen wird, die Familie Kleiman und die übrigen Helfer im Fall einer Evakuierung Amsterdams durch die Deutschen im Hinterhaus aufzunehmen, fällt gar nicht so schlecht aus. Wucherpreise aber haben dazu geführt, dass das Geld der van Daans knapp wird, so dass Vorschlag, Frau van Daans Pelzmantel zu verkaufen, zu heftigen Auseinandersetzungen führt.

Langeweile und Überdruss aneinander nehmen ungeahnte Ausmaße an, so dass Anne formuliert:

> „Wenn einer von den acht seinen Mund aufmacht, können die anderen sieben seine angefangene Geschichte fertigmachen. (...)

Es ist unmöglich, dass etwas noch jung und frisch ist, wenn es im Hinterhaus zur Sprache kommt.“ (28. 1. 1944)

Unterhaltung

Lesen, lernen, Radiohören sind die einzigen Ablenkungen der Hinterhausbewohner (11. 7. 1943). Anne gibt unter dem 16. 5. 1944 eine zusammenfassende Darstellung der Interessensgebiete aller Versteckten. Wegen ihres außerordentlich spannungsgeladenen Verhältnisses zu Dussel holt sie aber bei aller sonst geübten Sachlichkeit wieder zu einem Seitenhieb gegen ihn aus.

Für die Jugendlichen jedoch stand von Anfang an deren **Aus- und Weiterbildung** im Mittelpunkt ihrer Beschäftigung. An vielen Stellen ihres Tagebuchs berichtet Anne über Lerngegenstände und -fortschritte bei sich, Margot und Peter. „Professor Anne“ gibt am 11. Mai 1944 einen besonders detaillierten Einblick in ihre Lernaktivitäten. **Systematischer Unterricht mit Hilfe von Lehrbüchern** findet in den Sprachen Französisch und Englisch sowie in Algebra statt. Anne befasst sich mit Geschichte, Genealogie und Mythologie, Margot lernt Latein; Stenografie eignen sich beide an. Es gibt einige Hinweise darauf, dass Anne die Schule und ihre Mitschülerinnen sehr vermisst, aber später auch Äußerungen von ihr, nach zwei versäumten Schuljahren die öffentliche Schule nicht mehr besuchen zu wollen.

Lernen

Zusammenfassend muss man jedoch sagen, dass das Verhältnis der Hinterhausbewohner, so schwankend es aus der Sicht Annes sich auch darstellt, immer wieder in Ordnung gekommen ist. Anne schreibt einmal: „Ehrlich gesagt, ich vergesse ab und zu, mit wem wir Streit haben und mit wem die Versöhnung bereits stattgefunden hat.“ (17. 10. 1943) Das gemeinsame Schicksal, Angst und Not bei unvorhergesehenen Ereignissen wie Einbrüche ins Lagerhaus mit Bedrohung durch Polizei auf der Treppe vor der Drehtür zum Hinterhaus (25. 3. 1943; 11. 4. 1944) und Bomben auf Amsterdam

(26. 7. 1943) zeigen den **letztendlichen Zusammenhalt**, ohne den sich jeder verloren glauben musste. Das Ende kam nicht durch falsches Verhalten untereinander, sondern es kam unvorbereitet für alle durch Verrat von außen.

Annes Verhältnis zu Peter van Daan

Der Traum von Peter Schiff

Am 6. Januar 1944 trägt Anne Frank mit Uhrzeit ihres Aufwachens einen Traum in ihr Tagebuch: Peter Schiff, ein Freund aus der Zeit vor dem Verstecktsein, begegnet ihr, legt seine Wange an die ihre und sagt: „Wenn ich das gewusst hätte, wäre ich schon längst zu dir gekommen.“ „Alles war so gut, so gut (...)“ ist Annes Reaktion. Sie weiß nun, dass Peter noch immer ihr Auserwählter ist.

„Frühlingserwachen“

Von dieser Zeit an kreisen ihre Gedanken fast ausschließlich um Liebe und Liebeserfüllung. Sie ist nun fast 15 Jahre alt. Ihre Entwicklung zur Frau ist weit fortgeschritten, sie hat darüber nachgedacht und geschrieben, und ihre Gedanken an das andere Geschlecht und die Sehnsucht nach erotischer Liebe entsprechen ihrer Entwicklung. Sie sehnt sich „nach mehr als Vaters Küssen“ (19. 1. 1944). Den Traum aber sieht sie als Anstoß für eine Veränderung, die sie als „Älterwerden“ bezeichnet (22. 1. 1944), aber auch als „Frühlingserwachen“, das sie in Körper und Seele fühlt (12. 2. 1944). Von nun an wendet sie sich zunächst gedanklich, dann aber mehr und mehr auch physisch Peter van Daan zu, der drei Jahre älter ist.

Peter van Daan

Peter Schiff („Petel“), der Peter des Traums, verwandelt sich immer mehr zu Peter van Daan (28. 3. 1944), den sie zunächst nur in Gedanken liebkost, zu dem sie dann aber zunehmend auch körperliche Annäherung sucht. Ab Februar wird er zum Fixpunkt all ihrer Bestrebungen. Kaum ein Tagebucheintrag unterdrückt Gedanken und Gefühle, Wünsche und erotische Sehnsüchte. Die Lust, andere Ereignisse aus dem Hinterhaus aufzuschreiben, tritt zurück. „Meine eigenen Angelegenheiten gehen mir mehr zu Herzen“ (10. 3. 1944), schreibt sie. Zunächst klärt sie für sich Peters Sympathie für Margot, die ja die Ältere ist. Immer wieder formuliert sie Unsicherheiten, ob Peter ihre Zuneigung erwidern wird. Doch jeder Gedanke an ihn bedeutet für sie Glück. Peter ist das Ziel ihrer Wünsche, sie sucht seine Nähe und fordert dadurch erhöhte Wachsamkeit und wohl auch den Einspruch der Eltern heraus.

Ab März wird die Annäherung an Peter auch körperlich offenkundiger. Anne sucht die Zweisamkeit. Es kommt zu vorsichtig einander annähernden Gesprächen, in denen sie herausfinden möchte, ob Peter bereit ist, ihre „Liebe" zu erwidern. Sie sucht häufige Blickkontakte, um sich seines Einvernehmens zu versichern. Hatte sie 1942 noch betont, dass sie auch mit einer Tochter der van Daans zufrieden wäre, so weiß sie nun, wie gut es ist, dass van Daans kein Mädchen haben: „Nie wäre die Eroberung so schwierig, so schön und toll, wenn nicht gerade das andere Geschlecht so anziehen würde!" (6. 3. 1944)

Wachsende Annäherung

Verstand und Verlangen führen bald schon in ihr „Krieg" (16. 3. 1944). Ab Mitte März nehmen die Gemeinsamkeiten zu. Anne geht zu Peter auf den Dachboden, wohin sie Peter immer häufiger einlädt. In Annes Innern „geht ein Licht an", wenn er sie anschaut. Am 22. März vertraut sie dem Tagebuch an, dass es immer schöner wird und sie vielleicht noch eine echte große Liebe erleben wird. Sich selbst fühlt sie zum Guten gewandelt. Ab April kommt es zu kleinen körperlichen Annäherungen. Beide sitzen dicht aneinander gedrängt auf einer Holzkiste auf dem Dachboden. Peter legt seinen Arm um Annes Schulter; er küsst sie, und sie schwärmt von dem sie durchströmenden Gefühl (16. 4. 1944). Er nennt Anne sein „Eldorado" (25. 4. 1944)!

Suche nach Rat beim Vater

Doch dann tauchen Zweifel an der Richtigkeit ihres Verhaltens auf. Sie sucht das Gespräch mit ihrem Vater, möchte seinen Rat, denn Ehrlichkeit geht ihr vor Heimlichkeit. Nach diesem Gespräch, das zunächst nicht in ihrem Sinn ausfällt, denn ihr Vater möchte, dass sie Peter nur als Kameraden betrachtet, schreibt sie am 19. Mai in ihr Tagebuch: „Mit Peter und mir geht es prima." Sie weiß nun, dass sie ihn erobert hat, dass er ein noch größeres Bedürfnis nach Zärtlichkeit und Körperlichkeit hat, was sie als Erfolg ihrer Eroberung wertet. Nun aber bekennt sie, „ein bisschen über der Situation" zu stehen.

Am 6. Juli aber kommt es zu einer differenzierten Beurteilung Peters. Sie ist mit seiner Einstellung und seinem Charakter nicht einverstanden. Sie ärgert sich, dass es ihm an Stärke und Mut mangelt, dass er sich stattdessen auf Anne stützt, weil dies für ihn „bequem" erscheint. Das Nachdenken über ihr Verhältnis zu ihm gipfelt am 15. Juli in der Erkennntis, dass sie Peter mit Gewalt an sich gezogen habe und er nun an ihr festhalte. Er kann nicht der Freund sein, der ihren Vorstellungen entspricht, sie glaubt, nicht in der Lage zu sein, ihn „aus seiner Eingeschränktheit" herauszuheben.

Annes Echo auf das Schicksal der Juden

Erfahrung der Ausgrenzung

Am 5. Juli 1942, noch leben die Franks in Freiheit, schreibt Anne im Bewusstsein ihrer jüdischen Abkunft: „(...) deshalb werden wir von uns aus weggehen und nicht warten, bis wir geholt werden." Für sie, ihre Freundinnen und Verehrer treffen alle die von den Nazis ausgesprochenen Verbote zu. So darf sie, selbst als Kind und Schulmädchen, außer der Fähre kein öffentliches Verkehrsmittel mehr benutzen. Eis kann sie mit ihren Freundinnen und Verehrern nur in ganz bestimmten Eisgeschäften essen.

Als Albert Dussel als Letzter verspätet ins Versteck aufgenommen wird – dies geschieht, um sein Leben zu retten –, bringt er Neuigkeiten über die Behandlung von Juden in der Stadt mit. Anne reagiert darauf äußerst empfindlich. Sie sieht die Reihen unschuldiger Menschen, die von den Nazis geschlagen und gepeinigt werden, und leidet mit ihnen. Angst überfällt sie bei dem Gedanken an diejenigen, die „den Händen der brutalsten Henker" ausgeliefert sind (19. 11. 1942). Unentwegt denkt sie an die, von denen sie weiß, dass sie „weg sind." Die **Misshandlungen von Juden und auch nichtjüdischen Niederländern** beschäftigen sie so sehr, dass sie sich manchmal verstört und zu einer vernünftigen Arbeit unfähig vorkommt (13. 1. 1943). Am 22. Mai 1944 trägt sie in ihr Tagebuch ein, dass die Stimmung gegen die Juden in Holland in Antisemitismus umgeschlagen sei, weil in Verhören der Nazis Namen von Helfern genannt und dadurch deren Verfolgung ausgelöst wurde. Sie entwickelt Verständnis für solche Misslichkeiten, weil sie bei den grausamen Verhörmethoden der Nazis Schweigen für unmöglich hält.

Bekenntnis zum Judentum

Bei all dem hält Anne an ihrer kulturellen Identität fest. Sie bekennt sich zum Judentum, und auf die selbstgestellte Frage, wer dem jüdischen Volk solche Leiden auferlegt, antwortet sie im Vertrauen auf Gott, dass er es sei, der niederdrückt, aber auch wieder aufrichtet. Ihr kindlicher Glaube sucht und findet Antworten auf das Unfassbare.

Wie wichtig ihr Religion und Religionszugehörigkeit sind, zeigt sich auch in ihrer Charakterbeurteilung Peter van Daans am 6. Juli 1944. Religion halte die Menschen auf dem richtigen Weg, und diejenigen, die den Glauben geringschätzen, sind nach ihrer Auffassung arm und verlassen.

Annas wachsendes Bewusstsein wurde geprägt durch:

→ 1. die zeitgeschichtliche Situation,
→ 2. das Schicksal der Juden,
→ 3. den Kriegsverlauf.

Annes Echo auf den Kriegsverlauf

Radio als Informationsquelle

Von Anfang an reagiert Anne in ihrem Tagebuch auch auf Kriegsereignisse. Die Hinterhausbewohner nutzen den Abend, um am Radio politische Meldungen zu hören. Anne nennt das Radio unsere „Bleib-tapfer-Quelle" (15. 6. 1943), hören die Hinterhausbewohner doch u. a. den „Sender Oranje" der niederländischen Exilregierung, der täglich eine Viertel-, später eine halbe Stunde aus London auf einer BBC-Frequenz sendete. Von besonderem Interesse sind natürlich Nachrichten vom Kriegsverlauf: Die Landungen der Engländer in Tunis, Casablanca, Algier und Oran, vom englischen Premierminister Sir Winston Churchill als wichtiger Schritt im Krieg gegen den Faschismus bezeichnet, finden, ebenso wie die Verteidigung Stalingrads durch die Russen, ein positives Echo (9. 11. 1942), wie auch später die Landung der Alliierten (Engländer und Amerikaner) auf Sizilien, aus der die Hoffnung auf ein baldiges Ende aufkeimt.

Hoffnung auf Befreiung

Die Erwartung der Landung der Alliierten auf dem Festland („Invasion") löst große Erwartungen, aber auch Ängste aus. Es kursieren Gerüchte, dass die Deutschen als Reaktion Teile der Niederlande „unter Wasser" setzen würden (3. 2. 1944). D-Day, der Beginn der Invasion am 6. Juni 1944, ruft im Hinterhaus erneut die Erwartung auf Befreiung wach. Anne zitiert begeistert General Eisenhower in englischer Sprache. Sie hält Reden von namhaften Politikern und Zahlen über eingesetzte Kriegsmaterialien fest. „Mit der Invasion geht es oberprima", lautet ihre Bilanz am 9. Juni 1944. Der Einsatz der Engländer gegen die Deutschen hat ihre volle Bewunderung. Der Vormarsch der Alliierten auf Cherbourg und die Offensive der Russen bei Witebsk finden ihren hoffnungsfrohen Niederschlag im Juni 1944. Die Einnahme Roms durch die 5. Armee bedauert sie, vor allem die Propaganda, die sich für Hitler daran anknüpfen lässt. Die Nachricht vom missglückten Attentat auf Hitler vom 20. Juli 1944 (Stauffenberg-Attentat) führt Anne dann aber zu einem sehr persönlichen Reflex, in dem ihr Hass auf die Deutschen und ihr abgrundtiefes Misstrauen gegen jegliche Humanität dieses Volkes sie zu starken Formulierungen führt. Selbst in Deutschland geboren, wünscht sie sich als Vaterlandslose die Niederlande zum Vaterland und will die Königin persönlich bitten, ihr diesen Wunsch zu erfüllen (11. 4. 1944).

Urteile über die Helfer

Anne hält am 11. April 1944 nach einem Einbruch ins Lagerhaus, bei dem die Diebe ein Loch in der Tür hinterlassen haben, ein Gespräch zwischen Jan Gies und dem Kartoffellieferanten fest. Er hatte das Loch im Vorbeigehen am Abend bemerkt, aber darauf verzichtet, der Polizei Bescheid zu sagen. Seinen Entschluss hatte er mit der vielsagenden Bemerkung begründet: „Ich weiß zwar nichts, aber ich vermute viel."

Vertrauensleute für Aufträge und Besorgungen

Wollten Menschen über Jahre in einem Versteck leben, so mussten sie Vertrauensleute haben, die ihnen die Dinge des täglichen Lebens abnahmen, und solche, die sie versorgten, ohne viel zu fragen. In Miep und Jan, in Kleiman und Kugler, in Bep Voskuijl und Beps Vater begegnen den acht Versteckten Helfer, die bereit sind, unter Gefahr für Leib und Leben Hilfe zu leisten, wo und wann immer dies nötig ist. Schon am Abend des 8. Juli 1942, als der Beschluss der Franks gefasst wurde, nun ins vorbereitete Versteck zu gehen, waren Jan und Miep gekommen und hatten Kleidung und Bücher in Beuteln und Taschen dorthin getragen. Fortan gilt für sie, Aufträge entgegenzunehmen, Wünsche zu erfüllen und bei immer knapper werdenden Ressourcen Kleidung und Vorräte zu ergattern. Miep hat es beispielsweise übernommen, Frau van Daans Pelzmantel auf dem Schwarzmarkt zu verkaufen. „Miep und Kugler spüren am stärksten die Last, die wir ihnen machen", hält Anne fest und fährt fort, dass Miep die Arbeit mache, während Kugler die Verantwortung kolossal belaste (26. 5. 1944). Ausdrücklich erwähnt

Anne den Bäcker, den Milchmann, den Gemüsehändler, den Kartoffellieferanten und „unsere Markenmänner" (23. 3. 1944), das sind Fälscher von Lebensmittelmarken. Sie ist sich sicher, dass diese eigentlich wissen müssten, dass Miep und Jan die Lebensmittelmarken nicht allein verbrauchen, aber sie führen ohne Nachfragen Mieps und Jans Bestellungen aus.

Abhängigkeit von Helfern

Am 25. Mai 1944 berichtet sie von der Verhaftung des Gemüsehändlers, der in seinem Haus zwei Juden versteckt gehalten hat. Menschlich und versorgungsmäßig bedeutet die Verhaftung einen herben Schlag. Die Abhängigkeit von den Helfern ist in mehrfacher Hinsicht belastend: Was geschieht beispielsweise, wenn sie ausfallen? Was, wenn sie einmal unvorsichtig sind? Was, wenn sie sich beeinflussen lassen und ihre positive Haltung gegenüber den Juden ändern?

→ vgl. Tagebuch: 9. 11. 1942; 27. 12. 1943; 28. 1., 15. 3., 11. 4., 25. 5., 26. 5. 1944

Unvorsichtigkeiten

Ein weiterer wiederkehrender Aspekt im Tagebuch ist das Thema „Unvorsichtigkeiten der Versteckten". Siehe Kap. 6, Prüfungsaufgabe 3.

→ vgl. Tagebuch: 16. 9., 17. 10., 3. 11. 1943; 15., 21., 25. 4. 1944

3.4 Personenkonstellation und Charakteristiken

ZUSAMMEN-FASSUNG

Die Konstellation der Hinterhausbewohner ist geprägt von ihrer Familienzugehörigkeit:

- → Familie Frank: Otto und Edith (die Eltern), Margot und Anne Frank (die Töchter)
- → Familie van Daan (eigentl. van Pels): Hans (Hermann), Petronella (Auguste) und Peter (der Sohn)
- → Dazu als Außenseiter Albert Dussel (eigentl. Fritz Pfeffer)

Des Weiteren gibt es noch die Helfer, die den Kontakt zur Außenwelt aufrechterhalten (Miep und Jan Gies, Kugler, Kleiman und Bep Voskuijl), den Lagerarbeiter van Maaren, der sich durch seine Neugier verdächtig macht, sowie „Kitty", Annes fiktive beste Freundin und Adressatin ihrer Tagebuchbriefe.

Im Versteck des Hinterhauses leben zwei Familien: die Franks (Otto, Edith, Margot und Anne) und die Familie van Pels (Hermann, Auguste und Peter van Pels), die Anne aus Diskretionsgründen in ihrem Tagebuch in van Daan umbenennt. Wenig später wird auch noch der Zahnarzt Fritz Pfeffer aufgenommen, mit dem Anne das Zimmer teilen muss und mit dem sie nicht selten Auseinandersetzungen hat, bei denen ihr Vater vermittelt. In ihrer Bezeichnung „Albert Dussel" für ihn bringt sie ihre Abneigung anschaulich zum Ausdruck.

Objektives Bild nicht möglich

Die Konstellation der Personen ist daher, von Fritz Pfeffer abgesehen, geprägt von der Familienzugehörigkeit. Da die Charakteristiken der Personen allein aus der Darstellung Annes gewonnen werden, kann genau genommen kein objektives Bild erwartet werden.

DAS VERSTECK IM HINTERHAUS PRINSENGRACHT 268

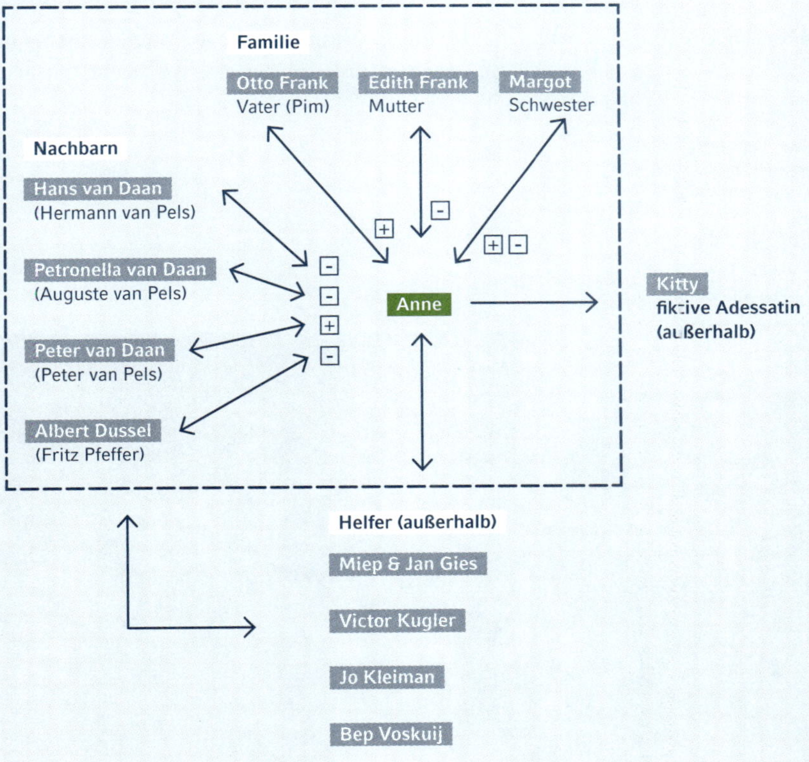

Annes Sichtweisen sind abhängig von den persönlichen Tageserfahrungen und Erlebnissen mit den Mitbewohnern im Hinterhaus. Kitty, als fiktive Adressatin der Tagebucheintragungen, ist ständige Begleiterin Annes und ihre wichtigste Bezugperson „außerhalb" des Verstecks.

Die Familie Frank

Otto Frank,

Der Vater (Pim)

mit dem Spitznamen Pim ist der unbestrittene, von allen anerkannte und respektierte Hausherr. Er ist auf Ausgleich bedacht, umsichtig und ruhig.

Anne und ihr Vater (Mitte) auf dem Weg zur Hochzeit ihrer Freunde Miep und Jan Gies © ullstein bild – The Granger Collection

Edith Frank,

Die Mutter

Annes Mutter, erscheint in Annes Tagebuch als nachdenkliche, zurückhaltende Frau. Sie ist während der Zeit im Versteck offensichtlich in immer größere Not geraten und hat den Rückzug nach innen angetreten. Während sich andere Mitbewohner durch Klagen Luft machen, verstummt sie mehr und mehr. Was als Gefasstheit erscheint, ist in Wirklichkeit Verzweiflung. Einmal hat sie sich gegenüber Miep Gies geäußert und ihrer Niedergeschlagenheit Luft gemacht. „Licht am Ende des Tunnels" sieht sie nicht. Offensichtlich verliert sie allmählich die Hoffnung auf eine Wende. Ernst Schnabel führt zu Annes Mutter eine Augenzeugin aus dem Lager Westerbork an:

> „(...) sie war still und schon wie erstarrt (...). Sie sprach nicht mehr viel. Auch Margot war schweigsam, aber Edith Frank war stumm. Sie sagte nichts bei der Arbeit, und abends wusch sie immer Wäsche, in schmutzigem Wasser und ohne Seife, aber sie musste waschen."[20]

In der Krankenbaracke in Auschwitz-Birkenau hat sie dann das Essen eingestellt und das Brot für ihren Mann und ihre Kinder unter der Bettdecke gesammelt.[21] Von Annes Konflikten mit ihrer Mutter, der sie verschiedene Mängel vorwirft und der gegenüber sie manchmal sogar Hass empfindet, war bereits in den vorangegangenen Kapiteln die Rede (vgl. Kap. 3.3 „Annes Verhältnis zu ihrer Familie").

---

20 Schnabel, S. 130.
21 Ebd., S. 135.

Margot

Annes Schwester Margot

ist dem Wesen nach ihrer Mutter sehr viel ähnlicher als Anne. Man kann sie als leicht lenkbar bezeichnen, lernwillig, fleißig und intelligent. Aus der Schule hatte sie stets die besten Noten mitgebracht. Auch im Versteck ist sie anstellig. Von Streitereien Annes mit Margot ist nie die Rede. Sie tut, was man von ihr erwartet und ist in allem äußerst genau und gewissenhaft. Im Laufe der Zeit, vor allem ab Mitte 1943, haben sich die beiden Schwestern mehr einander angenähert. Die Eifersucht, die Anne wegen des ausgezeichneten Verhältnisses Margots zum Vater empfunden hatte, war unbegründet und ist wohl damals gewichen. In den Lagern Auschwitz und Birkenau haben sich die Schwestern bis zu Margots Tod gegenseitig gestützt. Dann aber ist Anne ihr unmittelbar gefolgt.

> „Typhus und Schwäche – ach ja. Ich glaube aber bestimmt, dass Anne am Tod ihrer Schwester gestorben ist. Es lässt sich schrecklich leicht sterben, wenn man allein im KZ ist.“[22] (Worte einer Augenzeugin)

Anne

„Ein Bündelchen Widerspruch“, das ist **Annes Selbstcharakteristik** in den letzten beiden Einträgen ihres Tagebuchs (21. 7. und 1. 8. 1944), während sie sich im Rückblick auf ihr Leben außerhalb des Verstecks am 20. Juni 1942 noch als Clown und Taugenichts gesehen hat. Mit dem „Bündelchen Widerspruch“ trifft sie sehr genau das Bild, das sie den Lesern ihres Tagebuchs vermittelt. Ihre Stimmungsschwankungen sind groß. Mit „himmelhoch jauchzend, zu Tode betrübt“ erfasst sie diese Schwankungen zutreffend. Neben der „Lebenskünstlerin“ (10. 8. 1943) steht der „Singvogel, dem die

---

22 Ebd., S. 153.

Flügel mit harter Hand ausgerissen worden sind und der in vollkommener Dunkelheit gegen die Stäbe seines engen Käfigs fliegt." (29. 10. 1943)

Aufbrausendes Temperament

Ihr aufbrausendes Temperament führt sie immer wieder in spannungsreiche Situationen mit den anderen Hinterhausbewohnern. Der Wunsch nach Freiheit, der Beendigung der Versteckzeit, überfällt sie oft übermächtig. Es kommen Zweifel auf an der Richtigkeit, ins Versteck gegangen zu sein. Gedanken an Verrat und Tod wechseln mit Hoffnung und Liebe zum Leben. „Lass das Ende kommen", bittet sie, „auch wenn es hart ist, dann wissen wir wenigstens, ob wir letztlich siegen werden oder untergehen." (26. 5. 1944)

In der Zeit ihrer Verliebtheit reift sie heran. Passagen der Nachdenklichkeit und Selbstanalyse nehmen in ihrem Tagebuch zu. Sie äußert sich zu Fragen der Liebe, Politik, Feminismus und Emanzipation, der Jugend und Religion (2., 18., 23., 27. 3., 13. 6., 15. 7. 1944). Sie schmiedet Zukunftspläne. Journalistin will sie werden, weil sie sicher weiß, dass sie schreiben kann und sich damit von Frauen wie ihrer Mutter oder Frau van Daan unterscheidet. Freude und Nutzen will sie den Menschen bringen, nicht umsonst gelebt haben, sondern fortleben, auch nach ihrem Tode (5. 4. 1944). „Ich versichere Dir", schreibt sie an Kitty am 8. Mai 1944, „dass ich keinesfalls auf ein so beschränktes Leben aus bin, wie Mutter und Margot sich das wünschen." In Paris und London möchte sie Kunstgeschichte studieren.

Annes Fähigkeit zur Selbsterkenntnis

„Selbsterkenntnis" (15. 7. 1944) spricht sie sich zu, und meint damit die Fähigkeit, ihre eigenen Handlungen zu reflektieren und zu beurteilen. Ihre Überarbeitungen von Passagen ihres Tagebuchs zeigen, dass sie Unrecht und Ungerechtigkeiten gegen andere, besonders gegen ihre Mutter, erkannt hat und abmildern will.

Insgesamt darf man Anne als sensibles, intelligentes Mädchen mit großem intellektuellen Anspruch und vielfältigen Interessen bezeichnen. Hellwach, wenn auch nicht immer gerecht, registriert sie, was um sie herum geschieht, im engen Rahmen des Hinterhauses ebenso wie in der Weite des politischen Geschehens. Ihre beständige Anteilnahme am Leiden der Juden in den Lagern der Nazis lösen, wie das Beispiel Hannelie Goslar zeigt, Albträume und flehentliche Bitten an Gott aus (29. 11. 1943). Anne Frank ist ein Mädchen, das nach ihrem Tod zu einer Legende geworden ist, nicht nur, weil sie das Schicksal vieler Millionen Juden teilen musste, sondern weil sie ihre Leser an ihrem Leben im Versteck hat teilnehmen lassen. Ihr selbst gezeichnetes Porträt hat sie zu einer historischen Figur werden lassen.[23]

Dr. Dussel

Anne und Dr. Dussel

Den Gegenpol zu Otto Frank stellt **Fritz Pfeffer** dar, von Anne mit dem Decknamen **„Dussel“** belegt, was ihre ganze Missachtung gegen ihren Zimmergenossen zum Ausdruck bringt. Er ist der von ihr am wenigsten Geachtete, auch wenn man die äußerst subjektive Sichtweise der Tagebuch-Schreiberin mitbedenkt. Annes Verhältnis zu ihm ist ungemein angespannt. Er greift korrigierend und mit erzieherischen Absichten – Anne nennt sie „altmodisch“ – in ihren Alltag ein, schwärzt sie bei der Mutter an und verstärkt so die ohnehin konfliktreiche Situation der beiden. Da Anne das Zimmer mit ihm teilen muss, bleiben wechselseitige Einblicke in die Intimsphäre nicht aus. Je älter Anne wird, umso schwieriger gestaltet sich das Verhältnis der beiden zueinander. Offener Streit entzündet sich an Annes Wunsch, zweimal pro Woche den Tischplatz für ihre Arbeit beanspruchen zu dürfen (13. 7. 1943). Wenn Anne in ihrem Tagebuch auf ihn zu sprechen kommt, wird ihr Ton stets ironisch und hart: „(...) dieser alte Blödian!“ (1. 5. 1943) lau-

23 Pommer, S. 37.

tet eines ihrer Urteile, ein anderes: „Herr Dussel lernt Englisch, Spanisch und Niederländisch ohne nennenswertes Ergebnis; liest alles, urteilt mit der Mehrheit." (16. 5. 1944) Man kann nicht davon ausgehen, dass Anne dem Zahnarzt auf Grund der Umstände gerecht werden konnte. Als „Alleinstehendem" (er ist im Hinterhaus von seiner nichtjüdischen Frau getrennt) fehlte ihm im Versteck ein vertrauter Ansprechpartner.

Die Familie van Daan

Frau van Daan

Wie Fritz Pfeffer, so ist auch **Petronella van Daan** (eigentl. Auguste van Pels) in den Augen Annes keine Person, mit der sie viel gemein haben möchte. Sie erscheint als eine Frau, die gern an Anne herummäkelt und als Miterzieherin auftritt. Wenn ihre Aussage, die Anne am 29. Juli 1943 im Tagebuch festgehalten hat, sinngemäß stimmt, nämlich dass sie sich beeilen müsse, noch einen Mann zu bekommen: „In der Theorie weißt du alles, nur die Praxis fehlt dir noch!", dann spricht dies nicht für Feinfühligkeit und gebührende Berücksichtigung der bestehenden Situation. Insgesamt scheint Frau van Daan im Gespräch recht lebhaft zu sein, wenn auch der Inhalt ihrer Beiträge im Allgemeinen nicht sehr bedeutend ist. Man muss natürlich auch die Stellung der am Ende des 19. Jahrhunderts geborenen Frauengeneration aus begüterten Häusern bedenken. Deren Ausbildung bestand vor allem in der Vorbereitung auf Ehe und Haushalt. Für Frauen jener Zeit waren in der Regel Mitreden und das Entwickeln einer dezidierten eigenen Meinung in der vom Mann bestimmten Gesellschaft unüblich. So wird denn auch, trotz ihres heftigen Einspruchs, der Pelzmantel der Frau van Daan auf dem Schwarzmarkt versetzt. Unterschwellig lässt sich vermuten, dass Frau van Daan ein launisches Frauenzimmer gewesen sein kann, nicht ohne Koketterie, die sie auch bei Fritz Pfeffer einzusetzen suchte.

Herr van Daan

Hans van Daan (Hermann van Pels) bleibt in Annes Tagebuch ebenfalls sehr blass. Streitereien mit seiner Frau werden erwähnt, wobei es nicht gerade zimperlich zugegangen sein muss (2. 9. 1942). Seine Launen sind abhängig vom Tabakvorrat. Melissa Müller[24] hat in ihrer Anne Frank-Biografie den van Daans vorgeworfen, dass sie im Gegensatz zu den Bestrebungen der Franks ihrem

Peter van Daan

Sohn Peter van Daan (Peter van Pels) wenig Förderung angedeihen ließen. Selbstverständliches wie z. B. Schwimmen sei ihm nicht beigebracht, auch zum Lernen sei er nicht angeregt worden. In der Tat war es erst Otto Frank, der Peters Interesse für Englisch, Französisch und Stenografie geweckt und sich um seine Fortschritte gekümmert hat.

Mit Peter hat sich Anne in ihrem Tagebuch 1942 und auch noch 1943 so gut wie gar nicht, ab Januar 1944 allerdings übermäßig beschäftigt. Ihre Verliebtheit lässt ihn zum Dreh- und Angelpunkt ihres Denkens werden, für seinen warmen Blick schwärmt sie. Als diese Verliebtheit ab Mai 1944 abkühlt und Anne ein distanzierteres Verhalten gegen Peter an den Tag legen kann, spart sie nicht mit Kritik an ihm. Vor allem seine oberflächliche Einstellung zu geistigen Dingen, beispielsweise zur Religion, und seinen Mangel an Kraft, Einsatzbereitschaft und Selbstdisziplin rügt sie heftig.

Kitty

Fiktive „beste" Freundin

Kitty ist Annes beste Freundin, ein Gegenüber, das sie sich erfindet, weil ihr im Leben eine reale Freundin, der sie sich rückhaltlos anvertrauen kann, fehlt (20. 6. 1942). In dieser Funktion wird ihr Kitty gerade nach dem Umzug ins Versteck zur wichtigsten „Gesprächspartnerin", der sie auch das sagen kann, was sie nicht einmal ihrem Vater erzählen möchte. Ihre fiktive Adressatin bietet ihr nicht zu-

---

24 Müller, S. 291.

Jetzt die Möglichkeit, Dampf abzulassen, etwa wenn Anne einmal wieder auf ihre Mutter oder Dr. Dussel wütend ist.

Anne stellt sich Kitty als wohl gleichaltriges, aber noch unwissendes Mädchen vor, das sich nicht nur außerhalb des Hinterhauses, sondern offenbar auch außerhalb des vom Krieg heimgesuchten Kontinents befindet. Das hat für Anna den Vorteil, dass sie so einen Grund hat, möglichst ausführlich zu erzählen, schließlich soll Kitty auch alles verstehen können: „Da du noch nie einen Krieg mitgemacht hast, Kitty, und du trotz all meiner Briefe doch wenig vom Verstecken weißt, will ich dir zum Spaß mal erzählen (...)“ (S. 118). Mit dieser Eigenschaften wird Kitty aber auch zur idealen Repräsentantin des nachgeborenen Lesers – der ebenfalls weder einen Krieg mitgemacht hat, noch weiß, wie es ist, sich auf engstem Raum monatelang verstecken zu müssen.

3.5 Sachliche und sprachliche Erläuterungen

S. 14	**Camera obscura**	lat. „dunkle Kammer", Lochkamera, hier ist gemeint eine Erzählsammlung von Nicolaas Beets (1814–1903)
	dem jüdischen Lyzeum	Gymnasium für jüdische Schüler. Seit August 1941 mussten Juden in den Niederlanden eigene Schulen besuchen.
	Pedell	Hausmeister einer Schule
S. 16	**Montessorischule**	nach ihrer Begründerin Maria Montessori (1870–1952) benannte Schule
S. 18	**orthodox**	strenggläubig
S. 20	**Hitlers Judengesetzen**	Gemeint sind die Verordnungen, Gesetze und Bestimmungen der Nationalsozialisten, die zuerst die Juden in Deutschland, später auch die Juden in den besetzten Staaten ausgrenzten und entrechteten.
	den Pogromen	Ausschreitung gegen Minderheiten
	der Einmarsch der Deutschen	Im Mai 1940 wurden die neutralen Niederlande von der deutschen Wehrmacht besetzt.
S. 21	**Judenstern**	gelber, sechszackiger, handgroßer Stern mit der Aufschrift „Jude", der in Brusthöhe auf der linken Seite der Kleidung getragen werden musste, vgl. S. 34.
S. 23	**der Große Bär**	ein Sternbild des Nordhimmels, auch als Großer Wagen bekannt
S. 28	**der Zionistischen Partei**	Zionismus: von dem Wiener Juden Theodor Herzl (1860–1904) gegründete jüdische Bewegung, deren Ziel die Schaffung eines eigenständigen jüdischen Staates in Palästina war, um so den bereits um 1900 in Europa grassierenden Antisemitismus zu beenden.

	Peter Schiff	Ein 16-jähriger Junge aus Berlin, der seit 1939 in Amsterdam lebte und vermutlich am 31. Mai 1945 in Auschwitz starb.
S. 31	**cum laude**	(lat.) „mit Lob“, gut
	im Geschäft hat er nichts mehr verloren	Jüdische Unternehmen wurden im Zuge der so genannten „Arisierung“ auf nichtjüdische Eigentümer übertragen.
S. 32	**SS**	„Schutzstaffel“, 1925 gegründete paramilitärische Organisation der Nationalsozialisten, verantwortlich für die Durchführung des Holocaust
	Konzentrationslager	von den Nazis ab 1933 errichtete Internierungslager für Juden, Zigeuner, Homosexuelle oder politische Oppositionelle; die ersten dieser Einrichtungen waren vorrangig Arbeitslager (z. B. Dachau bei München), die späteren Vernichtungslager (z. B. Auschwitz), in denen Millionen von Menschen ermordet worden.
S. 34	**gelber Stern**	Vgl. Erläuterung zu S. 21; in den Niederlanden waren die Juden ab Mai 1942 (in Deutschland bereits ab September 1941) gezwungen, den „Judenstern“ zu tragen.
S. 36	**Stenotypistin**	Frau, die der Stenografie (Kurzschrift) mächtig ist; vgl. S. 61
	Kontor	Handelsniederlassung im Ausland
	Hinterhaus	In den Niederlanden richtete sich die Höhe der Steuern nach der Häuserbreite, daher errichtete man gerade an den Kanälen relativ schmale Häuser, die aber nach hinten ausgebaut wurden.
S. 37	**Grachtenhaus**	Haus an einem Kanal
	Spülstein	Spülbecken

S. 38	**Lebensmittelkarten**	staatl. Dokument, das bescheinigt, dass der Besitzer eine bestimmte Menge an Lebensmitteln erhalten darf; dienen in Kriegs- oder Notzeiten der Rationierung
	Verdunkelung	Nachts mussten während des Krieges alle Lichtquellen abgedunkelt werden, um den alliierten Bombern kein Ziel zu geben.
S. 39	**Codein**	Husten stillendes Medikament
S. 46	**Hypochonder**	jemand, der sich einbildet, krank zu sein
S. 49	**Joop-ter-Heul-Serie**	Fortsetzungsroman von Cissy van Marxveldt (1893–1948), in dem ein Mädchen Kitty Francken heißt, sie gab Annes fiktiver Brieffreundin den Vornamen.
S. 50	**Sender Oranje**	Sender der niederländischen Exilregierung in London
	Prinz Bernhard	der deutsche Prinz Bernhard Lippe-Biesterfeld, seit 1937 mit der niederländischen Kronprinzessin Juliana verheiratet
	„Heeren, Vrouwen en Knechten"	der Roman *Herren, Frauen und Knechte* der niederländischen Autorin Jo van Ammers-Küller (1884–1966)
S. 52	**Grammophon**	Abspielgerät für Schallplatten
S. 62	**„Evas Jugend" von Nico van Suchtelen**	Roman des niederländischen Schriftstellers Jonkheer Nicolaas Johannes van Suchtelen (1878–1949)
S. 64	**Gestapo**	„Geheime Staatspolizei" der Nationalsozialisten
	Viehwagen	Für die Massendeportationen der europäischen Juden zu den Konzentrationslagern wurden Viehwagen verwendet.

	Vergasungen	Ab Ende 1941 unternahmen die Nazis in den Vernichtungslagern Massenvergasungen mit dem Schädlingsbekämpfungsmittel „Zyklon B". Ab Juni 1942 informierten englische Medien darüber.
S. 65	**Ihr Freund muss nach Deutschland.**	Ab 1942 wurden in den besetzen Gebieten „Zwangsarbeiter" eingezogen, um in Deutschland in der Industrie oder Landwirtschaft zu arbeiten; sie sollten die durch den Krieg fehlenden Arbeitskräfte ersetzen.
	Hitler hat uns längst staatenlos gemacht	Nach dem „Reichsbürgergesetz" vom 25. 11. 1941 wurde allen deutschen Juden, die im Ausland lebten, die deutsche Staatsangehörigkeit aberkannt.
	„La belle Nivernaise"	Erzählung des französischen Autors Alphonse Daudet (1840–97)
S. 66	**„De stormers"**	Roman von Cissy van Marxveldt
	Körner	Karl Theodor Körner (1791–1813)
S. 71	**Backfisch**	veralteter Begriff für junges Mädchen
	Die Engländer haben nun endlich in Afrika ein paar Erfolge	Die britische Armee begann im Oktober 1942 eine Offensive gegen das deutsche Afrikakorps.
S. 72	**Churchill**	Sir Winston Churchill (1874–1965), britischer Premierminister (1940–45; 1951–55)
S. 82	**Chanukka**	jüdisches Lichterfest
	Schwarze Piet	Knecht Ruprecht
S. 91	**S. V. P.**	S'il vous plaît, frz. Bitte!, wörtl. Wenn es Ihnen gefällt.
	Invasion	Militärisches Eindringen in fremdes Gebiet. Die Hoffnung und Erwartung, dass die Alliierten die besetzten Staaten durch

		eine Invasion befreien würden, begleitet die Hinterhausbewohner bis zum „D-Day“ am 6. Juni 1944 (vgl. S. 290).
	Ghandi	Mahatma Gandhi (1869–1948), indischer Menschenrechtler und Führer der indischen Unabhängigkeitsbewegung
	Fatalistin	Frau, die an die Vorherbestimmung durch das Schicksal glaubt.
S. 92	**Kokotte**	Prostituierte
	Mr. Beaverbrook	Baron Max Beaverbrook (1879–1964), kanadisch-britischer Verleger
S. 93	**Schwarzhandel**	illegaler Handel mit verbotenen oder rationierten Waren
S. 95	**Moffi**	Moffen: Schimpfname für deutsche Soldaten
	Tommy	Spitzname für britische Soldaten
S. 96	**Die Türkei ist im Krieg**	Die Türkei erklärte erst am 1. März 1945 Deutschland den Krieg.
S. 98	**Luftschutzwart**	Verantwortlicher für die Einhaltung der Luftschutzvorschriften
S. 100	**Rauter**	Hanns Albin Rauter (1895–1949), der Höhere SS- und Polizeiführer in den Niederlanden, hauptverantwortlich für die Deportationen
S. 101	**Mansa**	Vgl. Anne Franks Erklärung, S. 155
S. 105	**Ganz Holland wird gestraft**	Hitlers Anordnung vom Februar 1943, die bereits entlassenen niederländischen Kriegsgefangenen zum Arbeitsdienst heranzuziehen, führte zum Streik von einer Million Niederländern im April/Mai 1943, der zahlreiche Todesurteile und Erschießungen zur Folge hatte.

S. 106	**Untertauchen ist ein normales Wort geworden.**	Ca. 25.000 Juden sollen sich in den Niederlanden versteckt haben, von denen etwa ein Drittel entdeckt wurde.[25]
S. 108	**grüne Polizei**	deutsche Polizisten
S. 112	**Baby-Gerät**	kleines Radio-Gerät
	„Bleib-tapfer-Gerät" abzuliefern	Niederländer mussten nach dem 31. Mai 1943 alle Radiogeräte abliefern und durften nur noch deutsche „Volksempfänger" hören, mit denen keine britischen Sender mehr empfangen werden konnten.
S. 117	**Landung auf Sizilien**	Alliierte Truppen landeten am 10. Juli 1943 auf Sizilien.
S. 121	**Mussolini**	Benito Mussolini (1883–1945), faschistischer Diktator Italiens und Verbündeter Hitlers
	Kaiserkönig von Italien	Vitttorio Emanuele III., der rechtmäßige König Italiens
	Fokker	niederländischer Flugzeughersteller
	„Henri van de Overkant"	Roman der Niederländerin Marianne Philips (1886–1951)
S. 122	**Koketterie**	Gefallsucht
	Firnis	Schutzanstrich
S. 123	**Faschisten**	Die PNF („Partito Nazionale Fascista") war Mussolinis Partei, vergleichbar der NSDAP Hitlers.
S. 124	**Plumeau**	Federdeckbett
S. 126	**Dickens**	Charles Dickens (1812–1870), englischer Schriftsteller

25 Vgl. Siems, S. 31.

S. 128	**Danaidenfass**	ein nie zu füllendes Gefäß in der griechischen Mythologe; Bild für vergebliche, unerfüllbare Arbeit
S. 135	**Charlie Chaplin**	(1889–1977), britischer Komiker und Star der Stummfilmära
S. 135 f.	**Italien hat bedingungslos kapituliert!**	Der Waffenstillstand Italiens mit den Alliierten wurde am 3. September 1943 unterzeichnet.
S. 136	**Verrat Badoglios**	Marschall Pietro Badoglio (1871–1956) wurde vom italienischen König zum Ministerpräsidenten ernannt.
	God save the King	engl. Nationalhymne
S. 140	**Kürschner**	Pelzverarbeiter
S. 144	**Leidener Lehrinstitut**	älteste Universität der Niederlande (seit 1575) in Leiden
S. 149	**Diphtherie**	Infektionskrankheit
S. 153	**„Himmelhoch jauchzend, zu Tode betrübt"**	zur Redewendung gewordener Vers aus Goethes *Egmont*
S. 157	**Juliane**	Juliane von Oranien-Nassau (1909–2004), Prinzessin und spätere Königin der Niederlande
S. 160	**Sis Heyster**	Autorin einer niederländischen Frauenzeitschrift
S. 162	**Peter … Schiff**	vgl. Erläuterung zu S. 28
S. 166	**„Wolkenloser Morgen"**	Beginn der Trilogie *De geschiedenis van Robin Stuart* (1940) von Eric Lowe
S. 174	**„Cinema & Theater"**	niederländische Zeitschrift für Kino, Theater und Oper
S. 176	**„Freie Niederlande"**	niederländische Widerstandsorganisation
S. 180	**Schusters Rappen**	zu Fuß gehen

	Per pedes apostolorum	lat. zu Fuß gehen
	Goebbels	Josef Goebbels (1897–1945), im Dritten Reich „Reichsminister für Volksaufklärung und Propaganda"
S. 188	**Niederländisch-Indien**	Das heutige Indonesien war bis 1942 eine niederländische Kolonie.
	das auserwählte Volk	das Volk Israel
S. 189	**Minderwertigkeitskomplex**	geringes Selbstwertgefühl; Begriff aus der Individualpsychologie Alfred Adlers
S. 223	**Markenmänner**	vermutlich Fälscher von Lebensmittelmarken, vgl. Erläuterung zu S. 38
S. 230	**Frank Philips**	vermutlich Anton Frederik Philips, Mitbegründer des niederländischen Elektronikkonzerns
	Ihre Majestät Wilhelmina	die niederländische Königin Wilhelmina (1880–1962), die 1940 mit der Regierung nach London emigrierte, zu einer Symbolfigur des Widerstands wurde und 1945 zurückkehrte
S. 233	**Minister Bolkestein**	Gerrit Bolkestein (1871–1956), nach 1939 niederländischer Exilminister für Unterricht, Kunst und Wissenschaft; verkündete in einer Rede auf „Radio Oranje", dass er nach dem Krieg schriftliche Aufzeichnungen über die Terrorherrschaft der Nazis sammeln wolle
S. 234	**die Männer müssen nach Deutschland**	vgl. Erläuterung zu S. 65
S. 235	**die russische Front … großartig**	Die Rote Armee war im März 1944 auf dem Vormarsch und drängte die deutsche Wehrmacht immer weiter zurück.
	Stalin	(1879–1953), sowjetischer Diktator

S. 240	**Musen**	griechische Göttinnen der schönen Künste
	Zeus	Göttervater in der griechischen Mythologie
	Herakles	Sohn des Zeus
S. 244	**Chlor**	Desinfektionsmittel
S. 250	**Gerbrandy**	Pieter Sjoerds Gerbrandy (1885–1961), Ministerpräsident der niederländischen Exilregierung
S. 252	**Casino**	heftig umkämpfte italienische Stadt
	Westwall	in den späten dreißiger Jahren errichtetes Verteidigungssystem an der Westgrenze des Deutschen Reiches
S. 256	**Kronprinzessin Elisabeth von York**	(geb. 1926), die heutige Königin von Großbritannien (Queen Elizabeth II.)
	Prinzessin Margaret Rose	(1930–2002), Elizabeths jüngere Schwester
S. 259	**„Kaiser Karl V."**	Autor der zweibändigen Studie war der Historiker Karl Brandi (1868–1946).
	Stück von Nelsons letzter Schlacht	Der englische Admiral Horatio Nelson (1758–1805) starb bei seinem Sieg 1805 bei Trafalgar über die französische Flotte.
S. 260	**Mulatten, Mestizen**	Mischlinge zwischen Weißen und Schwarzen bzw. Weißen und Indianern
S. 268	**Epistel**	Brief, Strafpredigt
S. 271	**nach dem Weltkrieg ... Inflation**	In den frühen 1920er Jahren kam es in Deutschland zu einer schweren Geldentwertung (Hyperinflation), so kostete ein Ei 320 Milliarden Mark.
S. 273	**Bijenkorf**	Kaufhaus im Amsterdam
S. 277	**Lebensgeschichte von Galileo Galilei**	Roman von Zsolt Harsányi (1887–1943) über den italienischen Astronomen (1564–1642)

	Theseus ... Herakules	Figuren aus der griechischen Mythologie
	Phidias	antiker griechischer Bildhauer
	Sieben- und dem Neujährigen Krieg	1756–1763 kämpfte Preußen gegen Österreich um Schlesien, 1688–1697 das Heilige Römische Reich deutscher Nation gegen Frankreich um die Pfalz.
	badenden Susanne	vgl. AT, Daniel 13
	Sodom und Gomorrha	vgl. AT, 1. Mose 19
	Liselotte von der Pfalz	(1652–1722), war mit dem Bruder Ludwigs XIV. von Frankreich verheiratet
S. 278	**NSB**	„Nationaal-Socialistische Beweging", 1931 gegründete niederl. nationalsozialistische Partei
S. 279	**Linnaeus**	Gemeint ist der schwedische Naturforscher Carl von Linné (1707–1778).
	Atlantik-Wall	Verteidigungssystem der Deutschen an der Atlantikküste (1942–1944)
S. 280	**im Knaur**	im Knaur Verlag erschienenes Nachschlagewerk
S. 282	**Maria de Medici**	Königin Frankreichs (1573–1642)
	Wilhelm von Oranien	(1533–1584), Führer im niederländischen Unabhängigkeitskrieg gegen Spanien
	Marie Antoinette	Königin Frankreichs (1755–1793)
	Rassenschande	NS-Begriff für geschlechtliche Beziehungen zwischen „Ariern" und Juden; sie waren nach den Nürnberger Gesetzen verboten.
S. 290	**This is D-day**	6. Juni 1944, der Tag der Invasion bzw. Landung der alliierten Truppen in der Normandie

	Probelandung ... bei Dieppe	gemeint ist der gescheiterte britische Landungsversuch am 19. August 1942 in der besetzten französischen Hafenstadt Dieppe
S. 291	**General Dwight Eisenhower**	(1890–1969), Oberbefehlshaber der alliierten Streitkräfte in Europa, der spätere 34. US-Präsident (1953–1961)
	König Hakoon von Norwegen	(1872–1957), lebte nach der Besetzung Norwegens durch die Wehrmacht im Londoner Exil
	de Gaulle	Charles de Gaulle (1890–1970), Organisator der französischen Résistance, wurde später Ministerpräsident Frankreichs
S. 293	**„Ungarische Rhapsodie"**	Liszt-Biografie von Zsolt Harsányi (1887–1943)
	Buch „Maria Theresia"	Biografie von Karl Tschuppil (1876–1937)
S. 294	**Smuts**	Jan Christian Smuts (1870–1950), Feldmarschall der britischen Armee
	Arnold	Henry H. Arnold (1886–1950), General der US-Airforce
S. 297	**Brom**	Beruhigungsmittel
S. 298	**„Streiter für das Leben" ... Paul de Kruif**	ein Buch des US-Bakteriologen de Kruif (1890–1971) über Naturforscher und Ärzte
S. 300	**WUWA**	spöttische Abkürzung für „Wunderwaffe", deutsche V1- und V2-Raketen, die England erreichen konnten
	Mussert hat erklärt ...	Der Politiker Anton Adriaan Mussert (1894–1946) galt in den Augen der meisten Niederländer als Verräter.
	„An ideal Husband"	Komödie von Oscar Wilde (1854–1900)

S. 301	**„Minna von Barnhelm“**	Lustspiel von Gotthold Ephraim Lessing (1729–1781)
S. 306	**„Wie finden Sie das moderne junge Mädchen?“**	Buch der französischen Autorin Hélène Grilliet
S. 310	**Mordanschlag auf Hitler**	der am 20. Juli 1944 von Claus Schenk Graf von Stauffenberg (1907–1944) verübte Anschlagsversuch auf Hitler

3.6 Stil und Sprache

ZUSAMMEN-
FASSUNG

Anne Franks Tagebuch ist dialogisch angelegt (an „Kitty" gerichtet). Schaut man auf die Entwicklung von Stil und Sprache, so fällt auf, dass Anne Frank sich von einer naiven, spontan erzählenden Schreiberin zu Beginn ihrer Eintragungen zu einer bewussten, konzentriert das Wesentliche erfassenden Gestalterin wandelt. Typisch für Stil und Sprache sind:

→ Ironie
→ drastische Wendungen
→ anschauliche Bildsprache
→ pointierte Situationserfassung
→ witzige Wortschöpfungen und Sprachkreationen
→ rhetorische Fragen

Dialog mit Kitty

Das Tagebuch der Anne Frank weist im Vergleich mit anderen Tagebüchern die Besonderheit auf, **dialogisch angelegt** zu sein, indem Anne sich an ein fiktives Gegenüber (Kitty) wendet. Die schematische Anrede „Liebe Kitty!" und die Schlussformel „Deine Anne" legen den Gedanken nahe, Anne habe sich als selbst Briefschreiberin gesehen.

Tagebuch schreiben

Tagebuch schreiben heißt in der Regel, den augenblicklichen **subjektiven Eindrücken** folgend, die Dinge des Lebens festzuhalten, die dem Tagebuchschreiber für seine Gegenwart wichtig sind und von denen er glaubt, dass sie auch für seine Entwicklung in der Zukunft bedeutsam sein könnten. Das Schreiben eines Tagebuchs kann darüber hinaus **persönliche Entlastung und Klärung** bedeuten, wenn psychisch bedrückende oder belastende Dinge, Probleme oder Konflikte benannt, aufgeschrieben und auf diese

Weise aus sich selbst herausgesetzt werden. Systematisches Arbeiten an einem Thema ist daher weder üblich noch zu erwarten. Wichtig ist der Nachvollzug der Seelenlage des Schreibenden durch den außenstehenden Leser, den es aber üblicherweise nicht gibt, da das Tagebuch gewöhnlich gerade nicht für eine **Öffentlichkeit** bestimmt ist, sondern nur für den Tagebuchschreiber selbst. (Von Anne Franks Tagebuch kann das allerdings nur eingeschränkt gesagt werden, da sie es zumindest in überarbeiteter Form durchaus veröffentlicht wissen wollte, vgl. S. 278.) Systematischer Aufbau kann also nicht erwartet werden, und der Leser bedarf, so er unter bestimmten Aspekten lesen möchte, der zusammenfassenden Hilfe, wie sie in dieser Erläuterung angeboten wird.

Nachträgliche Distanzierungen

Bei der im Frühjahr 1944 beginnenden Überarbeitung ihres Tagebuches distanziert sich Anne Frank nachträglich von einigen ihrer früheren Urteile (in der aktuellen Taschenbuchausgabe als „Nachtrag“ gekennzeichnet, S. 71), aber auch von der Art und Weise ihres Hinschreibens, das sie selbst als „unfein“ bezeichnet. An sprachlichen Mitteln bedient sie sich häufig der **Ironie**, scheut sich auch nicht vor **drastischen Ausdrücken**, wo sie ihr angemessen erscheinen („Blödian“, S. 105). Ihre Bildsprache ist anschaulich, wenn sie beispielsweise vom „Krieg“ zwischen Verlangen und Verstand in sich spricht oder für die Fülle der Ermahnungen das Wort „Beanstandungsregen“ (S. 112) erfindet. Die Wortschöpfung „Bleibtapfer-Quelle“ (S. 112) für das Radio zeugt von Überlegtheit und pointierter Situationserfassung. „Auch wenn ich erst vierzehn bin, weiß ich doch sehr gut, was ich will.“ (S. 214) Durch Wiederholung bekräftigt sie ihre Aussage. Sie arbeitet mit **symbolhaften Anspielungen**, wenn sie zum Beispiel die beiden Lagerkatzen Mouschi und Moffi (mit „Moff“ beschimpfen die Niederländer die Deutschen) miteinander vergleicht und zu dem Schluss kommt, dass Mouschi, die „oben“ lebt, der Lager-Moffi überlegen ist. Witzig ist

Bildsprache und Wortschöpfungen

ihre Wortschöpfung „Mofrika“ für Deutschland, das der gleichen Wurzel entstammt. Auch wortschöpfende Adjektive „meine buchhaltende Schwester“ (S. 118) gehören in die Reihe ihrer Sprachkreationen. Weiterhin arbeitet sie mit **rhetorischen Fragen** (S. 248) und **Ausrufen** und spricht den Leser dadurch vor allem emotional an. Die **Erfindung von Kitty** ist fast genial zu nennen, hat Anne doch auf diese Weise den üblichen monologischen Tagebuchstil in eine Dialogform mit dramatischen Zügen umfunktioniert.

Dialog statt Monolog

Einfluss der Übersetzerin?

Bei der Untersuchung der sprachlichen und stilistischen Details darf jedoch nicht vergessen werden, dass es sich in der vorliegenden sprachlichen Fassung um eine Übersetzung aus dem Niederländischen handelt. Die Übersetzerin Mirjam Pressler ist selbst als Autorin von Jugendbüchern hervorgetreten, und man darf daher von einer sehr bewussten Gestaltung ausgehen.

3.7 Interpretationsansätze

ZUSAMMENFASSUNG

In Anne Franks Tagebuch begegnet dem Leser ein Kind, das zunächst behütet heranwächst, sich dann aber mit seiner Familie verstecken muss. Im Hinterhaus vertraut es seine Nöte und Ängste einer erfundenen Freundin in der Außenwelt an. Der Leser erfährt aus Annes Sicht vom leidvollen Alltag im Hinterhaus-Versteck, für den der Rassenwahn der Nazis verantwortlich ist. Insofern gibt das Tagebuch Anstoß zu einer motivierten Fragehaltung:

- → Wie konnte die menschenverachtende, antisemitische Ideologie der Nazis eine so große Zustimmung in der deutschen Bevölkerung finden?
- → Was sagen heutige Beispiele von Fremdenfeindlichkeit, Hass, Intoleranz und Neonazismus über unsere Gegenwart aus?

Annes Tagebuch ist aber nicht nur ein Dokument eines jüdischen Schicksals im Holocaust, sondern ebenso ein:

- → Seelenspiegel einer Heranwachsenden, deren Probleme nicht nur individuell und einmalig, sondern auch entwicklungsbedingt sind,
- → Indikator dafür, dass durch das Tagebuchschreiben eine Auseinandersetzung mit der bedrückenden Wirklichkeit erfolgt, die dem Individuum ein entlastendes Ventil schafft,
- → Dokument für Mut und Bekennertum in Gestalt der Helfer.

Exemplarisches Schicksal

1. Anne Frank und ihr Schicksal steht beispielhaft für das Schicksal von mehr als sechs Millionen Juden aus vielen Ländern Europas, die von Hitler und seinen Nazi-Schergen wegen ihrer Rasse und ihres Glaubens verfolgt, in Konzentrationslager verschleppt und systematisch ermordet worden sind. „Endlösung" hieß dies im Nazi-Jargon, der Sprache des Unmenschen, vergleichbar den Beschönigungen wie „Aufruf", „Säuberung" oder „Sonderbehandlung". Die Lektüre des Tagebuchs und die Aufarbeitung des historischen Umfelds können wesentlich der Schärfung des Geschichtsbewusstseins dienen.

Auseinandersetzung mit Intoleranz

2. Anne Franks Tagebuch kann in diesem Zusammenhang Anstoß dazu sein, sich mit der menschenverachtenden Ideologie von Rassismus, Intoleranz und Fremdenhass auseinander zu setzen, die ihr innewohnende Dummheit zu entlarven und die inhumanen Folgen des Glaubens an eine Weltherrschaft durch „arische Herrenmenschen" zu erkennen.

Nur der Schrecken von gestern?

3. Noch heute marschieren neonazistische Skinheads in Knobelbechern (Marschstiefel) und mit Nazi-Emblemen zu Demonstrationen auf, werden Feuer in Asylbewerberheimen gelegt, türkisch stämmige Gemüsehändler von Neonazi-Terroristen erschossen[26], Farbige aus der Straßenbahn gestoßen, Fremde gejagt und zu Tode getrampelt, jüdische Friedhöfe und Gotteshäuser geschändet. Die Politik verspricht jungen Neonazis in Internetaufrufen Hilfe beim Ausstieg aus der Szene. Angesichts solcher Fakten darf kein Versuch unterbleiben,

---

26 Gemeint sind die von der Presse jahrelang verharmlosend als „Döner-Morde" bezeichneten Morde an meist türkisch oder griechisch stämmigen Kleinunternehmern in deutschen Großstädten zwischen 2000 und 2006. Dass diese insgesamt acht Morde von einer Gruppe von Rechtsterroristen („Nationalsozialistischer Untergrund", NSU) verübt wurden, die bis 2011 völlig unbehelligt agieren konnten, wurde erst nachträglich erkannt; der Begriff „Döner-Morde" wurde zum Unwort des Jahres 2011 gewählt.

jungen Menschen das Schicksal Anne Franks vor Augen zu führen.

4. Das Tagebuch der Anne Frank ist ein authentisches Dokument. Es ist Seelenspiegel eines jungen Mädchens, das von ihren Lehrern und Lehrerinnen als normales, keinesfalls außergewöhnliches Kind beschrieben worden ist. Sie ist schreibbegabt, will Journalistin und Autorin werden, ist aber kein Wunderkind, wie einige ihrer Zeitgenossen betonen.[27] Im Tagebuch finden heranwachsende Leserinnen und Leser ihre eigenen Probleme in denen Annes gespiegelt. In der Auseinandersetzung mit ihnen lernen sie deren Verarbeitung für sich und zusammen mit den Mitschülerinnen und Mitschülern. Sie erfahren, dass vieles, was sie für individuell und persönlich einmalig halten, entwicklungsbedingt vorübergehend ist.

Entwicklungsbedingte Einflüsse

5. Die Einschätzung und Bewertung des Tagebuchschreibens am Beispiel von Anne Frank und des Schreibens allgemein als Möglichkeit persönlicher Entlastung und Hilfe bei der Bewältigung von psychischen und sozialen Problemen kann dazu beitragen, über den Sinn der Beschäftigung mit Literatur nachzudenken. Die literarische Fiktion legt Entwürfe für mögliche – oft bessere – Welten vor und trägt zur Auseinandersetzung mit der bestehenden Wirklichkeit bei. Von ihr gehen notwendige Impulse für Veränderungen aus, indem sie andere, ungeahnte Möglichkeiten aufzeigt. Authentisches Schreiben kann daher Brücke zum literarischen Schreiben und zur schöngeistigen Literatur sein.

Schreiben als Möglichkeit zur Entlastung

6. Das Tagebuch der Anne Frank fordert von seinen Leserinnen und Lesern die persönliche Auseinandersetzung mit der Geschichte des Dritten Reichs. Das Beispiel Anne Frank fördert

Aufforderung zu persönlicher Auseinandersetzung

---

27 Ebd., S. 40 ff.

die motivierte Auseinandersetzung mit der Willkür und dem Terror der Nazis gegenüber Fremden und Andersdenkenden. Hierin liegt die Chance für die Einsicht, dass durch Ideologie irregeleitete Menschen vor nichts zurückschrecken, um den vermeintlich politischen Gegner auszuschalten. Die Identifikation mit Anne und der Nachvollzug ihres Lebenswegs kann junge Menschen vor Fanatismus und dem aus ihm erwachsenden Hass schützen.

Ermutigung zu Engagement

7. Im Gegenzug kann das vorbildlich humane Verhalten der verschwiegenen Mitwisser und Helfer im Versteck, ihr dauernder persönlicher Einsatz trotz aller Bedrohung von außen, Vorbild dafür sein, Mut und Bekennertum zu wagen und gegen Unrecht und Gewalt einzutreten, statt gleichgültig oder feige wegzuschauen.

4. REZEPTIONSGESCHICHTE

ZUSAMMENFASSUNG

- Der Erfolg des zuerst 1947 erschienenen Tagebuchs fand seinen Auftakt 1955 mit einer Bühnenfassung des amerikanischen Ehepaars Hackett; 1957 wurde eine Sonderaufführung des Hamburger Thalia-Theaters gegeben.
- Die Verfilmung von 1959 ist auf DVD erhältlich.
- Die Verbreitung ihres Tagebuchs machte Anne Frank zur Symbolfigur, nach der inzwischen weltweit Schulen, Straßen und Plätze sowie ein Erinnerungswald nahe Jerusalem benannt wurden.
- Ihr (28.) Geburtstag am 12. Juni 1957 wurde feierlich in der Frankfurter Paulskirche mit einer Gedenkrede Eugen Kogons geehrt. An ihrem Geburtshaus in Frankfurt wurde eine Gedenkplakette angebracht.
- Mit Hilfe der 1957 in Amsterdam gegründeten Anne-Frank-Stiftung konnte das Stadthaus Prinsengracht 263 vor dem Abriss bewahrt und in ein Jugendzentrum verwandelt werden. Ein Anne-Frank-Fonds, gespeist durch Lizenzerträge, soll jüdisch-palästinensische Friedensprojekte fördern.
- Die Originaltagebücher befinden sich heute im Niederländischen Staatlichen Institut für Kriegsdokumentation. Dieses Institut hat die historisch-kritische Ausgabe (HKA) besorgen lassen, auf Deutsch 1988 bei S. Fischer erschienen (1993 als Taschenbuchausgabe).
- Die umfangreiche Biografie von Melissa Müller (1998) wurde 2000 ins Programm der List-Taschenbücher übernommen.

→ Das Tagebuch ist in nahezu alle Sprachen übersetzt worden, die Gesamtauflage weltweit wird auf über 20 Millionen Exemplare geschätzt.

Erstausgabe

Eine erste Ausgabe erschien bereits 1947 unter dem Titel *Het Achterhuis* im niederländischen Contact-Verlag, nachdem das Tagebuch und Schicksal Anne Franks durch einen Artikel des niederländischen Journalisten Jan Romein in der Tageszeitung *Het Parol* einem größeren Publikum bekannt gemacht worden war. Romein war eine Teilabschrift des Tagebuchs in die Hände gefallen, und er hatte als einer der ersten ihre Bedeutung erkannt.

Die Hackett-Dramatisierung

Welterfolg auf der Bühne

Der erste Versuch einer Bühnenfassung durch den amerikanischen Schriftsteller Meyer Levin fand keinen Produzenten. Dagegen wurde die Dramatisierung des Ehepaars Albert Hackett und Frances Goodrich-Hackett ein Welterfolg. Das mit dem Pulitzer Preis (eine von allen amerikanischen Publikationsorganen gestiftete Ehrung) ausgezeichnete Stück wurde am 5. 10. 1955 in New York uraufgeführt.

Die Verfilmung von 1959

Beginn mit einer Rückblende

1959 wurde das Tagebuch von Hollywood verfilmt (Regisseur George Stevens; Millie Perkins spielte Anne Frank). Der durchaus sehenswerte Film kann als DVD im Handel erworben werden. Die Verfilmung beginnt mit einer Rückblende, in der Otto Frank nach seiner Befreiung aus dem KZ zum ersten Mal ins Hinterhaus zurückkehrt. Der Drehort ist authentisch und gibt so einen genauen Einblick in das wirkliche Versteck. Otto Frank will sein Versprechen gegenüber Anne einlösen, ihr Tagebuch zu suchen. Miep kann es ihm überreichen. Die Vertiefung Otto Franks in das Tagebuch ist Anlass, um einzelne Szenen ins Bild zu setzen, oftmals durch Tagebuchwendungen Annes eingeleitet oder durch sie unterlegt. Die von Anne entworfenen Charaktere der Mitversteckten werden plastisch und zutreffend eingefangen und durch eingängige Handlungen unterstrichen. Streitszenen zwischen dem Ehepaar van Daan sind deftig und erfrischend. Die ängstliche Verzweiflung Dussels, der beharrlich auf das Schicksal der Juden verweist, wird überaus deutlich. Margot hat eine fast stumme Rolle. Um die nach innen gewandten Charaktere herauszuarbeiten, werden auch Handlungsweisen dargestellt, die das Tagebuch nicht verzeichnet hat. So wird gegen Ende des Films Herr van Daan von Frau Frank nachts beim Brotdiebstahl erwischt. Außer sich vor Wut und Empörung will sie die Familie van Daan aus der Wohnung weisen, was nur durch die Radiomeldung verhindert wird, dass die Invasion begonnen hat. Dies wiederum führt zu ausgelassener Freude und Feststimmung bei den Versteckten. Sehr gut wird auch die stets vermittelnde, manch zugespitzte Situation entschärfende Haltung Otto Franks ins Bild gesetzt.

Das zarte Liebeswerben Annes um Peter zeigen Szenen auf dem Dachboden mit freiem Blick auf den Himmel über Amsterdam. Zurückhaltend und feinsinnig werden die Gefühle der beiden Jugendlichen füreinander mehr geahnt als visualisiert. Anne ist die Werbende, aber auch die überlegen Reflektierende, Peter mit der gehörigen Zurückhaltung verliebt. In diese Szenen, die auch einen Blick auf die Prinsengracht und die enge Straßenschlucht freigeben, tost die Außenwelt mit schrillen Polizeisirenen, die Entdeckungen und Abtransporte von Juden durch die uniformierten Nazis und ihre Schergen zeigen.

Gewaltsame Öffnung der Drehtür als Schluss

Die Gefahr für Verstecker und Versteckte wird immer wieder beschworen, sowohl durch Einbrecher als auch durch den im Lager herumschnüffelnden „Karl", der erpresserisch höhere Lohnforderungen an eine angedeutete Mitwisserschaft knüpft. Dezenterweise verzichtet der Film am Schluss auf die Verhaftungsszene. Er endet mit dem Lärm der anrückenden Gestapo-Schergen und dem gewaltsamen Öffnen der Drehtür.

Kritik

Gefahr der Romantisierung und Verkitschung

So erfolgreich Stück und Film auch waren, so sehr sie auch dem Bekanntwerden des Schicksals der Versteckten weltweit dienten, so bargen die Visualisierungen doch **die Gefahr der Romantisierung und Verkitschung** des Anne Frank-Bildes. Bilder fixieren, was recht eigentlich der individuellen Vorstellungskraft vorbehalten bleiben sollte. Authentisches Denken und Fühlen lässt sich nicht authentisch wiedergeben, durch die Bilder bekommt die Wahrheit den Anstrich von Fiktion; sie gerät in Gefahr, dem Rezipienten unwirklich zu erscheinen und die Kraft der Mahnung zu verlieren. Deshalb hängt die Akzeptanz der Bühnenaufführungen vornehmlich von der Leistung der Schauspieler ab.

Weitere Verfilmungen

→ *Das Tagebuch der Anne Frank*, 1980
Remake der Verfilmung von 1959, Regie: Boris Sagal, mit Melissa Gilbert als Anne und Maximilian Schell als Otto Frank

→ *Das Tagebuch der Anne Frank*, 1987
britischer Fernsehfilm, Regie: Gareth Davis

→ *Anne Frank – Die wahre Geschichte*, 2001
Film, nach dem Buch von Melissa Müller, Regie: Robert Dornhelm, Hannah Taylor-Gordon als Anna, Ben Kingsley als Otto Frank, Joachim Król als Hermann van Pels

Aufführung des Thalia-Theaters Hamburg

Am 20. Oktober 1957 wurde eine **Sonderaufführung des Hamburger Thalia-Theaters** gegeben und fand vielstimmige Beachtung. Der Regisseur Willy Maertens hat sich zu der „schweren Aufgabe der Regie“ geäußert:

> „Der Leitgedanke bei der Regieaufgabe der Anne Frank konnte also nur sein, von vornherein und in jedem Moment *gegen* alle theatralische Wirkung zu inszenieren, jeden Effekt zu vermeiden und alle schauspielerische Arbeit auf das leise Wort, die stille Geste zu verlagern. Es wurde bewusst versucht, nur das Menschliche sowohl im Einzelnen als auch in den Beziehungen der Personen untereinander zu betonen, was sich durch die Atmosphäre des engen Raums besonders gut sichtbar machen und unterstreichen ließ. (...) Man sollte annehmen, dass die Ungeheuerlichkeit des Stoffs eine andere als *solche* Interpretation gar nicht zuließe – doch hat es leider auch Einstudierungen gegeben, denen jedes Mittel recht war, durch billige Theatereffekte (...) die Spannung des Publikums künstlich in die Höhe zu treiben. (...) Wir sind dankbar, dass unser Publikum hört und genau empfindet wie wir während der Probearbeit und während der Vorstellungen. Es beweist es uns jeden Abend wieder, wenn es sich erst nach langer Stille erhebt und meist ohne Applaus den Zuschauerraum verlässt. *Das Tagebuch der Anne Frank* ist mehr als ein Theaterstück, es ist ein Requiem – und eine ungeheuer eindringliche Mahnung, die wir beherzigen wollen.“ [28]

---

28 Willy Maertens: *Das Tagebuch der Anne Frank. Eine schwere Aufgabe der Regie*. In: Das Tagebuch der Anne Frank. Sonderaufführung des Thalia-Theaters. Hamburg, am 20. Oktober 1957. Hrsg. vom Komitee Hamburg der Kinder- und Jugend-Aliyah und der Gesellschaft für Christlich-Jüdische Zusammenarbeit Hamburg e. V., S. 25.

Mehr Requiem als Theaterstück

Durch die Verbreitung ihres Tagebuchs wurde Anne Frank zur Symbolfigur aller Nazi-Verfolgten und ihr Schicksal Mahnung für die Nachwelt schlechthin.

Wirkungsweise Anne Franks

Erinnerungswald in Jerusalem

Viele **Schulen**, angefangen bei der Amsterdamer Montessori-Schule, die Anne besucht hatte, sind bis heute nach ihr benannt worden, ebenso **Straßen und Plätze** in Städten in aller Welt. In den 1950er Jahren wurde mit Hilfe von Geldspenden aus Wien und aus Tel Aviv in der Nähe von Jerusalem ein nach ihr benannter **Erinnerungswald** gepflanzt.

Am 12. Juni 1957 feierte man Annes **28. Geburtstag in der Frankfurter Paulskirche**. Die Gedenkansprache hielt Eugen Kogon[29], der Anne würdigte und am Ende seiner Rede zu einer gemeinsamen Anstrengung aufrief, um den Satz Annes zu europäischer Wirklichkeit zu führen: „Lasst mich so sein, wie ich bin, dann bin ich zufrieden!" An ihrem Geburtshaus in Frankfurt am Main wurde an diesem Tag eine **Gedenkplakette** angebracht.

Am 3. Mai 1957 wurde die **Anne-Frank-Stiftung** in Amsterdam ins Leben gerufen. Das Stadthaus Prinsengracht 263 befand sich zu diesem Zeitpunkt in einem baufälligen Zustand und sollte abgerissen werden. Mit Hilfe der Stiftung wurde das **Haus** erhalten und **in ein Jugendzentrum** verwandelt, das jährlich eine halbe Million Besucher zählt und Kontakte zwischen Jugendlichen verschiedener Völker und Religionen fördert. Otto Franks Gedanke und Ziel war, ein **Forum** zu schaffen **gegen Intoleranz und Diskriminierung**.

Anne Frank-Fonds

1963 gründeten Otto Frank und seine zweite Ehefrau Fritzi Frank in Basel den **Anne Frank-Fonds (AFF).** Seither fließen Lizenzerträge, die bei der Verwertung der Tagebücher gezahlt werden müssen,

---

29 Eugen Kogon, siehe auch Anmerkung 1 und Literaturverzeichnis.

in den Fond. Die Einkünfte werden zu einem nicht festgeschriebenen Teil für die Unterstützung von Menschen und Institutionen verwendet, die in der Zeit ihrer Verfolgung den Juden geholfen haben. Sie sollen darüber hinaus jüdisch-palästinensische Friedensprojekte fördern. Die Notwendigkeit der Unterstützung solcher Projekte führt die aktuelle Tagespolitik erschütternd vor Augen.

Das Tagebuch ist **in nahezu alle Sprachen übersetzt** worden, unter ihnen auch viele afrikanische, asiatische und fernöstliche wie Thailändisch, Indonesisch, Japanisch und Chinesisch. In allen europäischen Sprachen ist es ohnehin erhältlich.

Die **Originaltagebücher** hat Otto Frank testamentarisch dem Niederländischen Staatlichen Institut für Kriegsdokumentation vermacht. Diese Institution hat eine umfangreiche historisch-kritische Ausgabe (HKA) besorgen lassen, die in deutscher Übersetzung im S. Fischer-Verlag erschienen ist (1988, als Taschenbuchausgabe 1993) und die Versionen a, b und c enthält.

Ernst Schnabels Gespräche mit Augenzeugen

Ernst Schnabel ist 1958 in seinem Buch *Anne Frank – Spur eines Kindes* dem Schicksal Annes nachgegangen und lässt in seinem Bericht zahlreiche Menschen zu Wort kommen, die Anne Frank gekannt haben. Er hat damit ein anrührendes, unverzichtbares und lesenswertes Dokument geschaffen.

Die Wiener Journalistin Melissa Müller hat 1998 eine umfangreiche gründlich recherchierte Biografie mit dem Titel *Das Mädchen Anne Frank. Eine Biografie* vorgelegt. Sie wurde 2000 ins Programm der List-Taschenbücher übernommen. Die Biografie ist in der Tagespresse in Deutschland, England und Amerika sehr gut aufgenommen und besprochen worden. Sie ist gut stilisiert und verknüpft souverän biografische und historische Details.

5. MATERIALIEN

Die Helfer

Monatelanger psychischer Druck

Die ausgewählte Stelle soll beispielhaft zeigen, unter welchem psychischen Druck, der sich über 25 Monate hinzog, die Vertrauenspersonen der acht Versteckten gestanden haben.

„Darüber, wie es im Innern der Helfer aussah, ist wenig zu erfahren. Sie sprachen ungern über sich selbst. Zum einen wollten sie keine Helden sein; was sie taten, hielten sie für selbstverständlich. Zum andern hatten sie gelernt zu schweigen. Der Krieg und insbesondere die Besetzung durch die Deutschen verbot Geschwätzigkeit. Man sprach nicht darüber, auf wessen Seite man stand. Mit niemandem. Sogar die Helfer untereinander sprachen nie mehr als das Notwendigste über die Versteckten.

Victor Kugler, der Otto Franks Stelle im Büro eingenommen hatte und sich deshalb für das Schicksal der acht Versteckten hauptverantwortlich fühlte, informierte, so heißt es, nicht einmal seine Frau von dem, was im Hinterhaus vorging – vielleicht, weil er fürchtete, dass sie dem Druck, dieses Geheimnis mitzutragen, nicht gewachsen wäre; offenbar kränkelte Frau Kugler, die kurz nach Kriegsende starb, bereits.

Johannes Kleiman (...) konnte seine Ängste und Sorgen zwar mit seiner Frau besprechen. (...) Vor seiner Tochter musste er jedoch den fröhlichen, unbeschwerten Vater mimen. Corry, die in Annes Alter war, sollte mit diesem Geheimnis nicht belastet werden.“[30]

---

30 Müller, S. 303 f.

Verrat und Verschleppung

Widersprüchliche Aussagen

Über den Verrat sind später gerichtliche Untersuchungen geführt worden. Die Aussagen über den Ablauf von Entdeckung und Verhaftung der acht Juden im Hinterhaus sind widersprüchlich. So sagte z. B. Bep Voskuijl aus, dass Kugler ihr gegenüber von der Bedrohung durch fünf gezogene Pistolen gesprochen habe. Auch die Aussage, die Gestapo-Beamten seien direkt zum Versteck gegangen, ist von Kugler gemacht worden.

„Mehr als zwanzig Jahre später erzählte er seine Geschichte der kanadischen Journalistin Eda Shapiro. (...) So soll ihm befohlen worden sein, alle Räume des Gebäudes zu zeigen. (...) Als er das Magazin im zweiten Stock betrat, hat Silberbauer (Gestapo) gesagt: ‚So, dann suchen wir mal nach versteckten Waffen.' Kugler soll ihm angeboten haben, alle Kisten und Kartons und Ballen zu öffnen. Als sie endlich hinten in den Gang kamen, sah Kugler, dass das zweite Bücherregal, das dort stand, weggeschoben worden war, offensichtlich von den drei Niederländern. Er sah, wie diese sich an dem Bücherregal zu schaffen machten, das die Tür zum Hinterhaus verbarg. ‚Wieder und wieder versuchten sie, es zu bewegen, doch es gelang ihnen nicht.' Doch zuletzt fanden sie den Haken, der das Regal an seinem Platz hielt."[31]

In den einleitenden Kapiteln zu den Tagebüchern (HKA) wird im 3. einführenden Kapitel mit dem Titel *Der Verrat* von Harry Paape folgende Schlussfolgerung gezogen und darauf verwiesen, dass Kugler möglicherweise eine wenig rühmliche Rolle gespielt haben

---

31 Harry Paape, *Der Verrat*. In: HKA 1988, S. 23 f. u. 106.

könnte. Wer aber will ihm angesichts der Situation Heldenmut abverlangen?

„Der Sicherheitsdienst (muss) im Voraus gewusst haben, dass sich untergetauchte Juden im Gebäude befinden mussten. Man hatte van Maaren (Lagerarbeiter) sofort nach Juden gefragt; seine Handbewegung konnte bedeuten: ‚Die Juden sind oben.' Für den SD-ler bestand keinerlei Grund, Kugler nicht sofort nach dem Versteck zu fragen."[32]

Das Zeugnis Victor Klemperers

Victor Klemperer, der „Kulturgeschichtsschreiber der Katastrophe", hat sich in seinen rund 1600 Seiten umfassenden Tagebüchern von 1933 bis 1945 vielfach zu Verschleppungen und zum Mord an jüdischen Mitbürgern aus Dresden geäußert. Er zeigt deutlich, dass die Art und Weise ihrer Behandlung keineswegs ein Geheimnis war.

„Hier war, mir nur durch Kätchens Erzählungen bekannt, eine Familie Magen, der Mann Apotheker. Vater und Sohn, Tochter und Mutter arbeiteten im Goehle-Werk. Der Junge, siebzehn Jahre, blond, kräftig, floh, als er im Januar nach Riga kommen sollte. Der Vater wurde ins Gefängnis gesetzt, der Junge eingefangen und in ein KZ gebracht. Der Vater starb vor ein paar Monaten im Gefängnis. Der Junge dieser Tage im KZ. Todesursache ‚Magen- und Darmkatarrh'. Seit wann stirbt ein kräftiger junger Mensch hieran? Entweder Typhus oder kein Arzt oder Spritze."[33]

„Schaurig grotesker Todesfall. Im Hause wohnt ein uralter weißhaariger, weißbärtiger, klapprig schleichender Jude, Grünbaum,

---

32 Ebd., S. 45 f.
33 Victor Klemperer, *Ich will Zeugnis ablegen bis zum letzten*, S. 225 f. (29. August 1942).

88 Jahre. Ich sah ihn einmal unten, als Frischmann noch frisierte, ein andermal von seiner ein Dutzend Jahre jüngeren Frau auf der Straße geführt. Vor ein paar Wochen schien er im Sterben. (...) Der Mann wurde gesund, und in der Nacht zum 22. November (1944) starb seine Frau am Schlaganfall. Jetzt ist der hilflose Alte ganz allein und wird wohl nach Theresienstadt gebracht werden, sofern man sich nicht den Umweg erspart und ihn schon im Polizeipräsidium beseitigt."[34]

Wir haben nichts gewusst?

Eugen Kogon, Professor für wissenschaftliche Politik und selbst über Jahre Häftling im KZ Buchenwald, reflektiert in seinem Buch über die Wahrheit der Aussagen der meisten Deutschen, von den Gräueln in den Lagern und Gefängnissen nichts gewusst zu haben.[35]

„Wie hat das deutsche Volk auf das Unrecht reagiert?"

„Kein Deutscher, der nicht gewusst hätte, dass es Konzentrationslager gab. (...) Nicht wenige Deutsche, die auf Straßen und Bahnhöfen Elendszügen von Gefangenen begegnet sind. In einem am 9. November 1941 an alle Staatspolizeistellen (...) ausgegebenen Rundschreiben heißt es: ‚Insbesondere ist festgestellt worden, dass bei Fußmärschen, zum Beispiel vom Bahnhof zum Lager, eine nicht unerhebliche Zahl von Gefangenen wegen Erschöpfung unterwegs tot oder halbtot zusammenbricht (...) Es ist nicht zu verhindern, dass die deutsche Bevölkerung von diesen Vorgängen Notiz nimmt.' Kaum ein Deutscher, dem nicht bekannt gewesen wäre, dass die Gefängnisse überfüllt waren und dass im Lande unentwegt hinge-

---

34 Ebd., S. 615.

35 Eine aktuelle Veröffentlichung zu dieser Frage ist: Peter Longerich: *Davon haben wir nichts gewusst. Die Deutschen und die Judenverfolgung 1933–1945.* München: Pantheon, 2006.

richtet wurde. Tausende von Richtern und Polizeibeamten, Rechtsanwälten, Geistlichen und Fürsorgepersonen, die eine Ahnung davon hatten, dass der Umfang der Dinge schlimm war. (...) Viele Industrielle, die KZ-Sklaven für ihre Werke anforderten, Angestellte von Arbeitsämtern, die wussten, (...) dass große Unternehmen SS-Sklaven arbeiten ließen. Nicht wenige Zivilisten, die am Rande von Lagern oder in ihnen arbeiteten. (...) Außerordentlich viele deutsche Soldaten und Feldgendarmen, die über die entsetzlichen Gräueltaten in Lagern, Ghettos, Städten und Dörfern des Ostens Bescheid gewusst haben.

Wie hat das deutsche Volk auf das Unrecht reagiert? Als Volk überhaupt nicht. Das ist die bittere Wahrheit."[36]

Die wahre Pflicht

Frage nach individueller oder kollektiver Schuld

Eugen Kogon setzt sich auch mit der immer wieder ins Feld geführten „Pflicht" der Deutschen gegenüber ihrem Staat auseinander, um die Frage nach individueller und kollektiver Schuld zu klären.

„Befehl? Zwang? Terror? Nein!

Die Gebote des höchsten sittlichen Kodex (Gesetzes) kann kein Feldwebel, kein Blockwart, kein Minister und kein Feldherr, kein Himmler und kein Hitler über den Haufen kommandieren. Frage sich jeder, ob er nach diesem Maßstab, nicht nach dem wilden Grundsatz, Recht sei, was dem deutschen Volke nütze, oder gar was einem Parteiaktivisten passte, immer und unter allen Umständen seine Pflicht, die wahre Pflicht! getan hat. Und nehme sich nur keiner pharisäisch aus, kein Bischof und kein Pfarrer, kein großer und kein

---

36 Kogon, *Der SS-Staat*, S. 394 f.

kleiner Politiker, kein Lehrer, kein Unternehmer, kein Ingenieur, kein Arbeiter — niemand, weder Mann noch Frau!"[37]

Bernhard Schlinks Roman *Der Vorleser*

Bernhard Schlink hat 1995 den Roman *Der Vorleser* geschrieben, für den er 1999 den Weltliteraturpreis erhielt. In diesem Roman begegnet der 15-jährige Michael der gereiften Frau Hanna, die er als erste Frau in seinem Leben begehrt und mit der er eine leidenschaftliche Liebe erlebt. Eines Tages ist sie verschwunden, weggezogen, wie es heißt. Als Student der Rechtswissenschaft begegnet er Hanna im Gerichtssaal nach Jahren in einem Kriegsverbrecher-Prozess wieder. Sie ist für Gräueltaten als KZ-Aufseherin angeklagt. Michael stellt sich Fragen:

„Zugleich frage ich mich und habe mich schon damals zu fragen begonnen: Was sollte und soll meine Generation der Nachlebenden eigentlich mit den Informationen über die Furchtbarkeiten der Vernichtung der Juden anfangen? Wir sollen nicht meinen, begreifen zu können, was unbegreiflich ist, dürfen nicht vergleichen, was unvergleichlich ist, dürfen nicht nachfragen, weil der Nachfragende die Furchtbarkeiten, auch wenn er sie nicht in Frage stellt, doch zum Gegenstand der Kommunikation macht und nicht als etwas nimmt, vor dem er nur in Entsetzen, Scham und Schuld verstummen kann. Sollen wir nur in Entsetzen, Scham und Schuld verstummen? Zu welchem Ende? Nicht dass sich der Aufarbeitungs- und Aufklärungseifer (...) in der Verhandlung einfach verloren hätte. Aber dass einige wenige verurteilt und bestraft und dass wir, die nachfolgende Generation, in Entsetzen, Scham und Schuld verstummen würden – das sollte es sein?"[38]

---

37 Ebd., S. 400.
38 Bernhard Schlink: *Der Vorleser*. Roman. Zürich: Diogenes, 1995, S. 99 f.

Celans *Todesfuge*

Paul Celan (1920–1970) hat in hochpoetischer Sprache und in rhythmisch ausgewogenen, wohlklingenden Langzeilen das Grauen der Massenvernichtung in den Konzentrationslagern eingefangen. Der schroffe Kontrast von Poesie und Wirklichkeit, von Wohlklang und Unmenschlichkeit offenbart das Versagen der idealistischen Tradition der deutschen Dichter und Denker vor der Brutalität einer Geschichte, deren Aufarbeitung nur Scham hervorrufen kann.

***Todesfuge* (entst. zwischen 1944 und 1945)**
Schwarze Milch der Frühe wir trinken sie abends
wir trinken sie mittags und morgens wir trinken sie nachts
wir trinken und trinken
wir schaufeln ein Grab in den Lüften da liegt man nicht eng
Ein Mann wohnt im Haus der spielt mit den Schlangen der schreibt
der schreibt wenn es dunkelt nach Deutschland dein goldenes Haar Margarete
er schreibt es und tritt vor das Haus und es blitzen die Sterne er pfeift seine Rüden herbei
er pfeift seine Juden hervor lässt schaufeln ein Grab in der Erde
er befiehlt uns spielt auf nun zum Tanz [...][39]

Der vollständige Text findet sich auch im Internet:
http://www.celan-projekt.de/todesfuge-deutsch.html
[Stand: Februar 2012].

---

39 Paul Celan: *Mohn und Gedächtnis.* Gedichte. Frankfurt/M.: DVA, 1952, S. 37 f.

6. PRÜFUNGSAUFGABEN MIT MUSTERLÖSUNGEN

Unter www.königserläuterungen.de/download finden Sie im Internet zwei weitere Aufgaben mit Musterlösungen.

Die Zahl der Sternchen bezeichnet das Anforderungsniveau der jeweiligen Aufgabe.

Aufgabe 1 *

Warum sollte das Tagebuch der Anne Frank auch heute noch gelesen werden?

Mögliche Lösung in knapper Fassung:

Tagebücher und Öffentlichkeit

Tagebücher sind im Allgemeinen nicht für die Öffentlichkeit bestimmt. Auch Anne Franks Tagebuch war in seiner vorliegenden Form wohl nicht für eine Öffentlichkeit geschrieben: Anne vertraute ihm ihre Sorgen, Nöte und Wünsche an und setzte sich mit den Personen auseinander, mit denen sie die Wohnung im Hinterhaus mehr als zwei Jahre teilen musste.

Weil ihr Leben im Versteck jedoch auf den Rassenwahn der Nationalsozialisten zurückzuführen ist und in eindringlich-anrührender Weise über das Schicksal eines Kindes während des Holocaust Auskunft gibt, ist es von Annes Vater Otto Frank, der als einziger das Konzentrationslager überlebt hat, veröffentlicht worden.

Anne Frank selbst plante, nach dem Krieg ein Buch über ihr Leben im Hinterhaus zu veröffentlichen, für das ihr Tagebuch die Grundlage sein sollte. Insofern entspricht die Veröffentlichung ihrer Tagebücher zumindest teilweise auch der Intention der Autorin.

Die erste Ausgabe wurde von Otto Frank bearbeitet und erschien unter dem Titel *Het Achterhuis* 1947 in den Niederlanden. In der Übersetzung von Anneliese Schütz erschien es 1950 in Deutschland als *Das Tagebuch der Anne Frank*. 1986 erschien die *Kritische Edition* in den Niederlanden, eine erweiterte Neuausgabe (einschließlich von zuvor unveröffentlichten Passagen) kam 1992 in der Übersetzung Mirjam Presslers auf den deutschen Buchmarkt.

Dass Otto Frank bei seiner Bearbeitung zunächst einzelne Teile des Tagebuchs aussparte, begründete er damit, dass manche der erwähnten Personen noch lebten und ihre Hilfeleistung und ihr privates Handeln einer Öffentlichkeit noch nicht preisgegeben werden sollte. 1986 waren solche Rücksichten nicht mehr erforderlich.

Dennoch bleibt für jeden Leser das Gefühl, sehr Privates und hier und da auch Intimes von der Tagebuchschreiberin zu erfahren. Dies gilt vor allem für die Fünfzehnjährige, die sich in Peter van Daan verliebt, Annäherung und später seine Nähe sucht.

Die bisher dargelegten Ausführungen zeigen, dass für Anne das Tagebuch einen großen persönlichen Wert gehabt hat; auch war ein möglicher Verlust für sie das Schlimmstdenkbare.

Direkter, unverstellter Einblick

Für die Leser des Tagebuchs von 1947 bis heute aber bedeutet Anne Franks Tagebuch einen unverstellten, direkten Einblick in die unmenschlichen Verhältnisse, in die der Naziwahn alle von ihm Betroffenen gebracht hat.

Anne Franks Tagebuch stellt den Reflex eines Kindes auf den Wahnsinn des Naziterrors dar und muss als Mahnung und Aufforderung zur Wachsamkeit gegen inhumane ideologische Anschauungen gelesen werden. Anne Frank ist durch ihr Tagebuch zur Symbolfigur aller Nazi-Verfolgten geworden.

Aufgabe 2 **

Anne ist eine genaue Beobachterin. Sie urteilt, aber sie verurteilt auch. Versuchen Sie mit Hilfe von Annes Ausführungen eine Charakteristik der Personen ihrer Umgebung zu geben.

Mögliche Lösung in knapper Fassung:

Über zwei Jahre lang teilt Anne als Jüngste das Versteck im Hinterhaus Prinsengracht 263 mit ihrem Vater Otto, ihrer Mutter Edith und ihrer Schwester Margot. Zu den Versteckten gehört auch die Familie van Daan, Hans, Petronella und ihr Sohn Peter, sowie der Zahnarzt Fritz Pfeffer, der als achte Person ins Versteck aufgenommen wird.

Dr. Dussel

Pfeffer ist der Außenseiter, da er für sich keinen Vertrauten gewinnen kann. Von Anne wird er mit dem Decknamen „Dussel" belegt, was ihre ganze Missachtung gegen ihn zum Ausdruck bringt. Er ist für Anne so etwas wie der Gegenpol zu ihrem von ihr geliebten Vater. Annes Verhältnis zu ihm ist ungemein angespannt. Er greift korrigierend und mit erzieherischen Absichten – Anne nennt seine Ansichten „altmodisch" – in ihren Alltag ein und schwärzt sie bei der Mutter an. Da Anne das Zimmer mit ihm teilen muss, bleiben unangenehme Einblicke in die Intimsphäre nicht aus. Je älter Anne wird, umso schwieriger muss sich zwingend das Verhältnis der beiden zueinander gestalten. Offener Streit entzündet sich etwa an Annes Wunsch, zweimal pro Woche den Tischplatz für ihre Arbeit beanspruchen zu dürfen.

Frau van Daan

Wie Fritz Pfeffer, so ist auch Frau van Daan (Auguste van Pels) in den Augen Annes keine Person, mit der sie viel gemein haben möchte. Auch sie erscheint als eine Frau, die gern an ihr herummäkelt und als Miterzieherin auftritt. Wenn ihre Aussage, die Anne am 29. Juli

1943 im Tagebuch festgehalten hat, sinngemäß stimmt, nämlich dass sie (Anne) sich beeilen müsse, noch einen Mann zu bekommen („In der Theorie weißt du alles, nur die Praxis fehlt dir noch!"), dann spricht dies nicht gerade für ihre Feinfühligkeit. Insgesamt scheint Frau van Daan im Gespräch recht lebhaft zu sein, wenn auch der Inhalt ihrer Beiträge im Allgemeinen nicht sehr effektiv ist. Allerdings muss man berücksichtigen, dass sie einer Frauengeneration angehörte, deren Bildung in der Regel lediglich in der Vorbereitung auf Ehe und Haushaltsführung bestand. Das Einbringen eigener Meinungen in der vom Mann bestimmten Gesellschaft war für Frauen jener Generation unüblich. Unterschwellig lässt sich vermuten, dass Frau van Daan ein launisches Frauenzimmer war, nicht ohne Koketterie, die sie auch bei Fritz Pfeffer einzusetzen suchte.

Herr van Daan

Hans van Daan bleibt in Annes Tagebuch eher blass. Streitereien mit seiner Frau werden erwähnt, wobei es nicht gerade zimperlich zugegangen zu sein scheint. Anne sieht seine Launen abhängig vom Nikotinvorrat. Ihrem Sohn Peter haben die van Daans offenbar wenig Förderung angedeihen lassen; es war erst Otto Frank, der im Versteck Peters Interesse für Englisch, Französisch und Stenografie geweckt hat.

Peter

Mit Peter beschäftigt sich Anne Frank erst ab Januar 1944, dann aber übermäßig. Ihre Verliebtheit lässt ihn nun zum Mittelpunkt ihres Denkens werden. Als diese Verliebtheit Mitte 1944 wieder abkühlt und Anne Distanz gewinnt, übt sie deutliche Kritik an ihm. Vor allem seine oberflächliche Einstellung zu geistigen Themen, etwa zur Religion, und seinen Mangel an Kraft, Einsatzbereitschaft und Selbstdisziplin rügt sie heftig.

Otto Frank ist der von allen anerkannte Herr im Hinterhaus; er ist auf Ausgleich bedacht, umsichtig und ruhig; Anne liebt ihren Vater sehr, anders als ihre Mutter.

Edith Frank erscheint als nachdenkliche, zurückhaltende Frau. Sie ist während der Zeit im Versteck offensichtlich in immer größere Not geraten und hat den Rückzug nach innen angetreten. Während sich andere Mitbewohner durch Klagen Luft machten, verstummt sie mehr und mehr. Was als Gefasstheit erscheint, ist in Wirklichkeit Verzweiflung. Offensichtlich verliert Annes Mutter allmählich die Hoffnung auf eine Wende. Anne sieht lange Zeit vor allem ihre mütterlichen Defizite, die in ihr heftige Abwehrreaktionen, bis hin zum Eingeständnis von Hass, auslösen. Annes Mutter

Margot ist ihrer Mutter ähnlicher als Anne. Man kann sie als leicht lenkbar bezeichnen, lernwillig, fleißig, intelligent. Ihre Schulnoten waren stets tadellos. Auch im Versteck ist sie fleißig. Von Streitereien mit Margot ist nie die Rede. Sie tut, was man von ihr erwartet, und ist in allem genau und gewissenhaft. Ab Mitte 1943 haben sich die beiden Schwestern einander angenähert. Annes frühere Eifersucht auf das ausgezeichnete Verhältnis Margots zu ihren Eltern erweist sich als unbegründet. In den Lagern Auschwitz und Birkenau haben sich die Schwestern bis zu Margots Tod gegenseitig gestützt. Margot

Aufgabe 3 ***

Im Versteck sind den acht Versteckten Unvorsichtigkeiten unterlaufen, die sie selbst, aber auch ihre Helfer in Gefahr gebracht haben. Stellen Sie solche Unvorsichtigkeiten dar und zeigen Sie, welche Folgen schließlich der Verrat für die Helfer gehabt hat.

Mögliche Lösung in knapper Fassung:

Über den Zeitraum von mehr als zwei Jahren im Versteck, mit der Möglichkeit, sich zumindest abends und nachts in den Büroräumen und im Lager zu bewegen, ist es natürlich auch zu Unvorsichtigkeiten und Nachlässigkeiten gekommen.

Van Maarens Neugier

1943 kommt es zu einer Veränderung durch die Beschäftigung des Lagerarbeiters van Maaren, die für die Versteckten eine Gefahr birgt. Anne reagiert darauf am 23. September 1943 mit einem Hinweis auf van Maarens Misstrauen, das Hinterhaus betreffend.

Van Maaren erweist sich als äußerst neugierig. Er erscheint unvorhergesehen im Büro und stellt Fragen nach dem Vorgänger Kleimans, einem Herrn Frank, den er nicht kennen kann.

In der Nacht zum 17. Oktober 1943 verliert Herr van Daan im Lager 100 Gulden, die nie wieder auftauchen.

Nachlassende Vorsicht

Anne sieht in solchen Vorfällen „Anlässe zu Argwohn". Einmal hat Peter vergessen, am Abend die Verriegelung von der Eingangstür innen zu lösen, so dass Kugler und die Lagerarbeiter bei ihrem Erscheinen am Morgen nicht ins Haus kommen. Kugler muss sich vom Nachbarhaus aus durch Einschlagen eines Fensters Eingang verschaffen. Zu diesem Zeitpunkt aber stehen die Fenster des Hinterhauses offen, was von den Nachbarn bemerkt werden musste.

Solche Vorkommnisse führen zu Auseinandersetzungen unter den Versteckten und zu neuen Vorsichtsmaßnahmen, die als einschränkend empfunden werden. So wird Dussel der Aufenthalt in Kuglers Büro in den Nachtstunden untersagt.

Als besonders fatal ist das Zurücklassen der Brieftasche van Daans auf dem Schreibtisch Kuglers empfunden worden, die van Maaren gefunden und Kugler mit der Frage, ob sie ihm gehöre, übergeben hat.

Solche Vorkommnisse mussten die Versteckten und die Verstecker gleichermaßen verunsichern und verängstigen und trugen zu wachsender innerer Unruhe bei.

Melissa Müller hat in ihrem Buch *Das Mädchen Anne Frank* Aussagen Kuglers über den Entdeckungsvorgang der Versteckten festgehalten. Sie erzählt, dass die Helfer ungern über sich selbst sprachen, weil sie gelernt hatten, dass Schweigen der beste Schutz war. Man sprach selbst mit Freunden oder Nachbarn niemals darüber, ob man auf der Seite der Besetzer oder der Widerständler stand. Selbst die Helfer untereinander sprachen nur das Notwendigste über die Versteckten. Victor Kugler fühlte sich als Nachfolger Otto Franks im Betrieb für ihr Schicksal besonders verantwortlich. Er soll aus Vorsicht nicht einmal seine Frau von den Vorgängen im Hinterhaus informiert haben, um ihr den psychischen Druck eines solchen Geheimnisses nicht aufzubürden.

Folgen für Helfer

Nach dem Verrat wurde Kleiman von den Gestapo-Männern mit Pistolen bedroht. Er soll dem Anführer der Gestapo angeboten haben, alle Ballen, Kisten und Kartons zu öffnen, um sie auf versteckte Waffen kontrollieren zu können. Wieder und wieder hat er die Häscher bewegen wollen, vom Bücherregal vor der Tür zum Hinterhaus abzulassen.

Nach dem Verrat und der Entdeckung der Hinterhausbewohner wurden Kleiman und Kugler verhaftet. Beide haben die folgenden Strafaktionen zwar überlebt, waren aber allen erdenklichen Strapazen durch den Nazi-Terror im Gefängnis, in Arbeitslagern und durch Verschleppung ausgesetzt.

Aufgabe 4 **

„Wir haben nichts gewusst!": Nehmen Sie mit Hilfe des Kapitels „Materialien" Stellung zu der Behauptung, die von der Mehrheit der Deutschen nach dem Krieg zum Massenmord an den Juden angeführt worden ist. Versuchen Sie eine Erklärung für die Verdrängung von Schuld zu finden. Ziehen Sie dafür auch den Streit um die Echtheit des Tagebuchs der Anne Frank mit heran.

Mögliche Lösung in knapper Fassung:

Unwissende Bevölkerung?

Eugen Kogon, Professor für wissenschaftliche Politik und selbst über Jahre Häftling im KZ Buchenwald, setzt sich in seinem Buch *Der SS-Staat* mit der von vielen Deutschen nach 1945 geäußerten Behauptung, von den Nazi-Gräueln nichts gewusst zu haben, auseinander.

Für Kogon stand fest, dass der deutschen Bevölkerung klar gewesen sein musste, dass es Konzentrationslager gab, in denen Juden und andere politisch Verfolgte gefangen gehalten und gequält wurden. Er hielt es für ausgeschlossen, dass die Bevölkerung nicht bemerkt haben wollte, dass Menschen in Elendszügen in die Lager getrieben wurden. Bei diesen Fußmärschen vom Bahnhof zum Lager sind immer wieder Gefangene erschöpft oder tot zusammengebrochen. Am 9. November 1941 ist daher an alle Polizeistellen ein Rundschreiben ergangen, das darauf hinwies, dass solche Vorkommnisse der anwohnenden Bevölkerung nicht zu verheimlichen seien. Auch die deutsche Beamtenschaft (Polizei, Bahnpersonal) muss folglich Bescheid gewusst haben.

Im Übrigen steht fest, dass in den stets überfüllten Lagern Aufsichts- und Versorgungspersonal für das Funktionieren gebraucht wurde. Dort wurde pausenlos hingerichtet und umgebracht, in Gaskammern, auf Appellplätzen, bei Fluchtversuchen oder durch Schwerstarbeit und Unterernährung.

Wer waren die Henker? Richter, Polizeibeamte, Rechtsanwälte, Geistliche und Fürsorgepersonen (etwa in psychiatrischen Einrichtungen) müssen den Umfang der schlimmen Dinge mindestens geahnt haben. Auch viele deutsche Soldaten wussten über die Gräueltaten in den Lagern Bescheid oder wurden, gerade an der Ostfront, Zeuge von Massenerschießungen polnischer oder russischer Juden. Es ist nicht vorstellbar, dass sie sich darüber nicht mit anderen, zum Beispiel im Fronturlaub, ausgetauscht hätten.

Missbrauchter „Pflicht"-Begriff

Auch in der Industrie, vor allem aber in der Rüstungsindustrie wurden die Gefangenen als „Zwangsarbeiter" missbraucht. Industrieunternehmen, ihre Bosse und Angestellten müssen über die Herkunft ihrer Arbeiter im Bilde gewesen sein. Viele Zivilisten, die am Rande von Lagern oder in ihnen arbeiteten, müssen folglich das Ausmaß von Elend und Verfolgung gekannt haben. Kogon stellt als bittere Wahrheit fest, dass das deutsche Volk als Ganzes auf das Unrecht nicht reagiert habe.

Eugen Kogon setzt sich auch mit dem Begriff der „Pflicht" auseinander, mit der viele Deutsche ihre Ignoranz den schrecklichen Dingen gegenüber entschuldigt haben, was heißen soll, dass sie dem Staat, ihren Vorgesetzten oder dem „Führer" Adolf Hitler zur Treue verpflichtet gewesen seien.

Kogon führt aus, dass der Nazi-Staat in höchstem Maße ein Unrechtsstaat gewesen sei, der einen Teil seiner Bürger durch seine Rassenpolitik einfach aussortierte. Diese jüdischen Mitbürger waren vor 1933 gleichberechtigte deutsche Staatsbürger gewesen, hatten die gleichen Pflichten und Rechte; viele hatten als Frontsoldaten im Ersten Weltkrieg für ihr Vaterland gekämpft und waren mit Tapferkeitsmedaillen ausgezeichnet worden.

Gegenüber dem von den Nazis missbrauchten Pflicht-Begriff beruft sich Kogon auf den Begriff einer sittlichen Pflicht, wie er etwa in der Moralphilosophie Kants ausgeführt wird und der sich allein auf das „schlechthin Gute" beruft. Kogon fragt: Pflicht gegenüber Befehl? Zwang? Terror? Nein! In seinem Buch *Der SS-Staat* führt er aus, dass kein Offizier oder „Führer" seinen Befehl über die sittliche Pflicht stellen kann. Jeder müsse sich fragen (lassen), ob er in der NS-Zeit stets seine „wahre Pflicht" getan habe.

Die Zweifel an der Echtheit des Tagebuchs

1957 und 1958 sind Zweifel an der Echtheit des Tagebuchs geäußert worden. Gegen zwei Personen, einen Englischlehrer an der *Oberschule zum Dom* in Lübeck und einen ehemaligen Ortsbauernführer der Nazizeit, aus einem Dorf in Schleswig-Holstein, wurde von Otto Frank Strafanzeige wegen übler Nachrede, Verleumdung und Beleidigung, der Diffamierung des Gedenkens an eine Tote und wegen antisemitischer Äußerungen erstattet. Das Landgericht Lübeck führte drei Jahre lang eine akribisch durchgeführte Untersuchung durch, bei der viele Zeugen vernommen wurden, unter ihnen die ehemaligen Helfer Jan und Miep Gies und Bep Voskuijl. Darüber hinaus ließ das Münchner Institut für Zeitgeschichte eine Echtheitsexpertise erstellen. Unabhängig voneinander kamen die Prüfer zu dem Ergebnis, dass die Tagebücher aus Anne Franks Feder stammten. Zur Bestrafung der angeklagten Personen kam es nicht, weil die Anwälte der streitenden Parteien einen Vergleich schlossen. Otto Frank hat die Zustimmung zu diesem Vergleich später bedauert, denn die Diffamierungen waren mit der Einstellung des Verfahrens nicht beendet. Die Autorschaft am Tagebuch wurde weiterhin namentlich benannten, erwachsenen Autoren zugeschrieben. Entspräche dies der Wahrheit, würde es sich beim Tagebuch nicht um einen authentischen Text, sondern um eine Fiktion handeln. In diesem Fall hätten sich jene nichtjüdischen Deutsche, die das „Dritte Reich" erlebten, für das, was geschehen konnte, nicht mitverantwortlich fühlen müssen.

Vor diesem Hintergrund hat das niederländische Gerichtslaboratorium des Justizministeriums im Auftrag des Niederländischen Staatlichen Instituts für Kriegsdokumentation weitere Untersuchungen und Gutachten zum Beweis der Authentizität von Annes Tagebucheintragungen vorgenommen. Das Ergebnis war die erneute Bestätigung seiner zweifelsfreien Echtheit.

LITERATUR

Zitierte Ausgabe:

Anne Frank Tagebuch. Fassung von Otto Frank und Mirjam Pressler. Aus dem Niederländischen übersetzt von Mirjam Pressler. Frankfurt am Main: Fischer Taschenbuch Verlag, 16. Aufl. 2010

Weitere Textausgabe:

Die Tagebücher der Anne Frank. Vollständige, textkritische, kommentierte gebundene Ausgabe mit 110 Abbildungen und Dokumenten. Hrsg. vom Rijksinstituut voor Oorlogsdocumentatie/Niederländischen Staatlichen Institut für Kriegsdokumentation. Einf. von Harry Paape. Mit einer Zusammenfassung des Berichts des Gerechtelijk Laboratorium/Gerichtslaboratoriums des Justizministeriums, verf. von H. J. J. Hardy. Ed. Gestaltung der Tagebuchtexte: David Barnouw und Gerrold van der Stroom. Aus dem Niederländischen übersetzt von Mirjam Pressler. Frankfurt am Main: S. Fischer Verlag, 1988
→ Zitiert als HKA.

Lexikonartikel:

Kläss, Werner/Red.: *Anne Frank.* In: Wilhelm Kühlmann (Hrsg.): Killy Literaturlexikon. Autoren und Werke des deutschsprachigen Kulturraumes. 2., vollständig überarb. Aufl. Bd. 3: Dep–Fre. Berlin, New York: de Gruyter, 2008, S. 532 f.

Kümmerling-Meibauer, Bettina: *Anne Frank.* In: Dies.: Klassiker der Kinder- und Jugendliteratur. Ein internationales Lexikon. Bd. 1: A–G. Stuttgart, Weimar: J. B. Metzler, 2004 (Sonderausgabe), S. 363–365

Riebe, Harald: *Anne Frank.* In: Lexikon der Kinder und Jugendliteratur, Bd. 1. Weinheim in Basel: Beltz Verlag, 1984, S. 396

Woerner, Gert: *Anne Frank.* In: H. L. Arnold (Hrsg.): Kindlers Literatur Lexikon. 3., völlig neu bearb. Aufl. Bd. 5: Duf–Fuz. Stuttgart, Weimar: J. B. Metzler, 2009, S. 678 f.

Biografien:

Barnouw, David: *Anne Frank. Vom Mädchen zum Mythos.* München: Econ, 1999

Bouhuys, Mies: *Anne, Kitty und die beiden Paulas. Bilder aus dem Leben Anne Franks.* München: dtv, 1994

Gies, Miep: *Meine Zeit mit Anne Frank.* München: Droemer/Knaur, o. J.

Gold, Alison: *Erinnerungen an Anne Frank. Nachdenken über eine Kinderfreundschaft.* Ravensburg: Ravensburger Taschenbücher, 2000

Lee, Carol Ann: *Anne Frank. Die Biographie.* München: Piper, 2000

Lindwer, Willy (Hrsg.): *Anne Frank. Die letzten sieben Monate: Augenzeuginnen berichten.* Fischer. Frankfurt am Main: Fischer, 1993

Müller, Melissa: *Anne Frank. Die Biografie.* Mit einem Nachwort von Miep Gies. München: List Taschenbuch, 2000

Schnabel, Ernst: *Anne Frank. Spur eines Kindes. Ein Bericht.* Frankfurt am Main: Fischer Taschenbuch-Verlag, 1997

Weitere benutzte Literatur:

Feuchert, Sascha; Medenwald, Nikola: *Anne Frank – Tagebuch.* Lektüreschlüssel für Schülerinnen und Schüler. Stuttgart: Reclam, 2009 (RUB 15412).

Goerlitz, Erich u. a. (Hrsg.): *Zeiten und Menschen.* Ausgabe K, Bd. 4/I. Politik, Gesellschaft, Wirtschaft. Teil I: 1919–1945. Geschichte für Kollegstufe und Grundstudium. Schöning/Schroedel. Paderborn 1982

Klemperer, Victor: *Ich will Zeugnis ablegen bis zum letzten. Tagebücher 1933–1945*. Berlin: Aufbau-Verlag, 1995

Kogon, Eugen: *Ansprache zur Gedenkfeier in der Paulskirche am Geburtstag Anne Franks – 12. Juni 1957*. In: Frankfurter Hefte 12/1957, Nr. 7, S. 469–473

Kogon, Eugen: *Der SS-Staat. Das System der deutschen Konzentrationslager*. Frankfurt am Main 1946

Maertens, Willy: *Das Tagebuch der Anne Frank. Eine schwere Aufgabe der Regie*. Sonderaufführung des Thalia-Theaters. Hamburg, am 20. Oktober 1957. Hrsg. v. Helga Koppel und Erich Lüth. Komitee Hamburg der Kinder- und Jugend-Aliyah und der Gesellschaft für Christlich-Jüdische Zusammenarbeit Hamburg e. V, S. 24–25

Pommer, Henry F.: *The Legend and Art of Anne Frank*. In: Judaism 9/1960, S. 37–46

Siebert, Tilmann: *Anne Frank Tagebuch*. Modelle für den Literaturunterricht 5–10. München: Oldenbourg Verlag, 2001

Siems, Marion: *Anne Frank Tagebuch. Erläuterungen und Dokumente*. Stuttgart: Reclam, 2003 (RUB 16039)

Taddey, Gerhard (Hrsg.): *Lexikon der deutschen Geschichte. Personen, Ereignisse, Institutionen*. Stuttgart: Alfred Kröner Verlag, 1983

Verfilmung:

Das Tagebuch der Anne Frank. Filmfassung von George Stevens. Twentieth Century Fox Film Corporation 1959.
→ DVD 2004, schwarz-weiß, Laufzeit ca. 172 Min.

Internet-Adressen

[alle Stand: Januar 2012]

www.annefrankguide.net

→ Einzigartiges Onlineprojekt für europäische Jugendliche. Diese Online-Datenbank entstand auf Initiative des Anne Frank Hauses (Amsterdam) und mit finanzieller Unterstützung der Europäischen Union.

www.annefrank.org

→ Anne Frank Haus Amsterdam

www.annefrank.ch

→ Anne Frank Fonds

www.annefrank.de

→ Anne Frank Zentrum Berlin

STICHWORTVERZEICHNIS